20 Relatos Insólitos
de Porto Alegre

Prêmio Minuano
de Literatura 2018

Instituto Estadual do Livro/RS

© Rafael Guimaraens, 2017, 2019, 2020, 2023, 2024, 2025

Pesquisa, textos e edição
RAFAEL GUIMARAENS

Design gráfico
CLÔ BARCELLOS

Produção executiva
ANDREA RUIVO

Revisão
PRESS REVISÃO

Capa: Arte de Clô Barcellos sobre fotos de Marco Nedeff e do Museu da Comunicação Social Hipólito José da Costa (foto histórica de Porto Alegre)

Dados Internacionais de Catalogação na Publicação:
Bibliotecária Daiane Schramm – CRB-10/1881

G943v Guimaraens, Rafael
     20 relatos insólitos de Porto Alegre. / Rafael Guimaraens. – Porto Alegre: Libretos, 2017. 5ª reimp. 2025.
     216p.; 14cm x 21cm
     ISBN 978-85-5549-020-0
     1. Memórias. 2. História - Porto Alegre. 3. Romance-Contos. 4. Drama. 5. Humor. I. Título.
                              CDD 981.65

Todos os direitos de publicação pertencem à Editora Libretos. Somente permitida reprodução, ainda que parcial, mediante citação e prévia autorização da editora.

Rua Peri Machado, 222 B/707
Porto Alegre/RS – Brasil
90130130
www.libretos.com.br
libretos@libretos.com.br

Rafael Guimaraens

20 Relatos Insólitos
de Porto Alegre

Porto Alegre, 2025
5ª Reimpressão

Libretos

SUMÁRIO

7
OPERETA EM CINCO ATOS

23
O MISTÉRIO DA VELHA RUSSA

33
'LOVE STORY' NO CAFÉ CENTRAL

47
OS APITOS DA MORALIDADE

51
O TÉDIO NEGRO DA AUSÊNCIA

61
A MAIS INSÓLITA DE TODAS AS FUGAS

71
LIBERDADE PARA AS BORBOLETAS

81
A PAIXÃO DE ARAÚJO VIANNA

107
O 'INOCULADOR DE VENENOS SUTIS'

115
OS PRÍNCIPES E OS PAJENS

123
A VÍTIMA DA SERPENTE

135
A HERANÇA DO IRMÃO JOAQUIM

143
O CHAPÉU PERDIDO DE TYRONE POWER

149
NOTÍCIA DE JORNAL

153
RODA VIVA E O PUNDONOR GAÚCHO

159
O INCRÍVEL SUMIÇO DO CHEFE DE POLÍCIA

178
'STREEP-TEASE' NO BAR NOVIDADES

180
O SOLDADO E A 'SANTA' DEGOLADA

187
A MALDIÇÃO DA NEGRA INÁCIA

195
DUPLA PERSONALIDADE DO PROFESSOR HINDÚ

211
BIBLIOGRAFIA

215
O AUTOR

Maria Ricci no papel de Carmen

OPERETA EM CINCO ATOS

I.

Do trapiche principal do cais, ao lado do prédio da Alfândega, Nicola Petrelli observa ao longe o *Itaperuna* contornar a ponta da Península e deslizar suavemente rumo ao Centro de Porto Alegre. Olha o relógio e comenta ao irmão Umberto:
– Bem na hora.

O vapor da Navegação Costeira traz a *Compagnia Lirica Lillipuziana della Citá di Roma*, próxima atração do Theatro Colyseu, que os irmãos Petrelli dirigem há um ano. Por uma série de desagradáveis percalços, a Companhia ficou retida em São Paulo além do previsto. Assim, após seis dias de viagem, a estreia dos pequenos artistas será na noite seguinte.

Soa o apito potente do *Itaperuna*, ao atracar no trapiche. Entre artistas mirins, funcionários e músicos, quase oitenta pessoas da Companhia desembarcam pela escada de portaló, sob os aplausos da pequena multidão que os recepciona. À frente deles, o sorridente *commendatore* Ernesto Guerra não demonstra qualquer desassossego pelos problemas enfrentados na temporada paulista.

Os irmãos Petrelli o recepcionam. O mais baixo deles estende a mão.

– Nicola Petrelli, seu criado. *Mio fratello* Umberto.

– *Piaccere* – responde o comendador com um cumprimento efusivo.

Os jornalistas cercam o grupo.

– Por favor, comendador Guerra. Uma palavrinha sobre a expectativa da temporada em Porto Alegre.

– A melhor possível. Sabemos que a sua cidade gosta de boa música. Posso garantir: quem for nos assistir irá se surpreender, porque nosso espetáculo é diferente de tudo o que os senhores já viram.

– Como o senhor recebeu as críticas da imprensa de São Paulo de que a Companhia estaria explorando crianças ainda sem o completo desenvolvimento físico?

Nicola Petrelli incomoda-se com a pergunta, mas o comendador não se abala.

– É uma ótima oportunidade de esclarecer alguns pontos. Em primeiro lugar, não foi "a imprensa", mas apenas um jornalista que fez um comentário *a priori*, sem ouvir nossas ponderações. Minha escola de canto existe há quase trinta anos e segue todos os modernos padrões educacionais. Nosso objetivo é recolher os filhos dos pobres e educá-los para o canto, a música, a cultura. No começo, a escola era mantida com subsídios do governo e de doações, que nem sempre aparecem nas horas que mais precisamos. Então, fui encorajado a criar a *Compagnia Lirica Lillipuziana*, que financia a escola e permite que nossos estudantes exibam sua arte, além de garantir sustento para suas famílias. Muitos dos que passaram pela escola, hoje estão brilhando em grupos profissionais.

— O jornal *O Estado de S. Paulo* julgou imoral submetê-las a encenar óperas trágicas ou dramáticas.

O comendador abre um sorriso de desdém.

— Por favor. Acaso é imoral introduzir os jovens no mundo das Artes?

— Também foi denunciado que o hotel onde os pequenos artistas estavam hospedados funcionava também como local de encontros amorosos ilícitos e prostituição.

— Foi uma experiência deplorável, mas a investigação policial nos isentou de qualquer responsabilidade, tanto que estamos processando a empresa que produziu a temporada em São Paulo. Posso garantir, como responsável pela integridade das nossas crianças, que elas não ficaram expostas a nenhuma situação constrangedora, já que esta ala, digamos, obscura do estabelecimento situava-se longe do acesso dos nossos artistas.

— Aqui, não haverá nenhum desconforto — atalha Petrelli —, já que a Companhia estará hospedada no Grande Hotel, o melhor da cidade. Um dos melhores do Brasil, eu diria. Agora, se nos dão licença, temos que acomodar os jovens artistas que devem estar cansados da exaustiva viagem.

O desfile da comitiva artística até o Grande Hotel, através da Praça Senador Florêncio, é acompanhado com viva curiosidade pelo público. As crianças falam alto e se implicam entre si, como se estivessem em um recreio escolar. O alvo de suas brincadeiras é um rapaz que parece um tanto atrapalhado no meio da balbúrdia.

O comendador ri:

– Nosso maestro, Aniello Costábile.
– Tão jovem – observa Petrelli.
– Vinte e cinco anos. Recém-formado pelo Conservatório de Roma com notas altíssimas. Ingressou neste ano na nossa companhia e já qualificou a nossa parte musical, além de ser um *ragazzo* educado e cortês, com uma ótima empatia com nossas crianças.
– A propósito, muita gente nos pergunta qual seria a grande atração da temporada.

O comendador responde quase cochichando ao ouvido de Nicola.

– Não gosto de destacar ninguém para não alimentar competições ou exacerbar vaidades, mas vocês verão que uma se sobressai, sem demérito dos outros. Trata-se de Maria Ricci, que vocês apreciarão quando mostrarmos a *Carmen*, de Bizet.
– A fama da *Carmencita* já chegou aos nossos ouvidos.

O comendador olha para trás e continua cochichando.

– É aquela de vestido azul-claro – ele aponta discretamente para uma menina bela e risonha. – Tem apenas 13 anos. Um talento fabuloso, que foi lapidado na nossa escola. Pois bem! É oriunda de uma família muito pobre de Cesena. Para os senhores entenderem o alcance do trabalho que realizamos, o que ela recebe é suficiente para sustentar sua família. Isso acontece em quase todos os casos.

II.

Ao final daquela tarde, o jovem maestro Costábile deixa seu quarto no segundo andar do Grande Hotel e começa a caminhar pelo corredor acarpetado, simulando que rege a orquestra, quando escuta atrás dele uma voz ainda infantil, mas já dotada de melodia e sinuosidade.
– Ensaiando, *Maestrino*!
Ele volta-se.
– Maria! O que você está fazendo neste andar? Você deveria estar descansando.
– Estou conhecendo o hotel. Que tal o seu quarto?
– Bom... Muito confortável.
– Posso ver? – ela cruza por ele em direção à porta.
– Não, não. Não é possível, Maria... O diretor...
Ela olha para os lados:
– Não tem ninguém olhando. Vamos, me mostra.
– Não é possível. Existe um regulamento que precisamos cumprir. Além disso, o quarto está todo desarrumado. Eu só ia dar uma volta e...
Maria enfia seu braço no de Aniello. O simples toque na pele branca de Maria faz acelerar os batimentos do jovem maestro.
– Então, me leva para tomar um sorvete.
– Lamento, mas isso é outra coisa que o regulamento não permite.
– Todo mundo está descansando e o *commendatore* deve estar roncando. Sabia que ele ronca? Qual é o quarto dele?
Hesitante, Aniello indica a segunda porta à esquerda. Ela vai até lá e encosta o ouvido na porta.
– Escuta só – ela solta um risinho malicioso.
Aniello permanece atordoado ante a desenvoltura desenfreada da menina.

– Agora, ao sorvete.
– Eu gostaria muito, acredite, mas não posso desrespeitar o regulamento.

Ela simula uma expressão de tristeza, salientando o lábio inferior.

– Então eu vou sozinha – e segue resoluta pelo corredor.

Após alguma vacilação, Aniello segue seus passos. Os dois caminham pela Rua da Praia, de braços dados. Ela aponta para o Café Colombo, uma quadra adiante, e o puxa para o interior do majestoso prédio. Aniello deseja que tudo acabe logo e que eles retornem ao hotel sem serem vistos. Mas sua preocupação rivaliza com o enorme prazer de estar ao lado da bela menina que lhe tem roubado o sono desde que se integrou à *Compagnia*. A visão diária da adorável e graciosa criaturinha lhe enche de contentamento, embora, por causa disso, ele evite se aproximar dela. Mas não pode negar: está enamorado da linda estrelinha, cheia de encantos e meiguice. Durante o encontro, ela exibe um atrevimento infantil e uma malícia inocente que o desconcerta.

– Conta, *Maestrino*. Você tem namorada? Alguma noiva esperando? As garotas acham você bonito.

Aniello enrubesce.

– Não tenho tempo para isso. Desde que entrei no conservatório, minha vida tem sido dedicada a estudar música.

Maria fica séria.
– Eu também.
– Você é muito jovem para pensar nessas coisas.
– Também acho você bonito.

O rosto do maestro fica ainda mais esfogueado. Maria solta outro risinho e belisca a bochecha do maestro.

– Ficou vermelho!

Aniello respira profundamente.
– Já acabou o sorvete?

III.

A temporada da *Compagnia Lirica Lillipuziana* em Porto Alegre vai substituir as exibições do filme *A Tragédia da Rua da Praia*, produzido pelos próprios irmãos Petrelli sobre o rumoroso crime ocorrido um mês e meio atrás na cidade. Quatro estrangeiros assaltaram uma Casa de Câmbio em plena Rua da Praia e se envolveram em uma fuga enlouquecida pelas ruas centrais, atemorizando os moradores, até serem abatidos por uma descomunal força policial na floresta às margens do Rio Gravataí. Com enorme senso de oportunidade, os Petrelli produziram o filme de 17 minutos em apenas dez dias, aproveitando a presença na cidade do cinematografista italiano Guido Panella. Exibido em quatro sessões diárias, *A Tragédia da Rua da Praia* lotou o Colyseu durante oito dias e só não prosseguiu em cartaz porque os irmãos já haviam contratado o grupo italiano do comendador Guerra.

A *Compagnia Lirica Lillipuziana* estreia no dia 23 de setembro de 1911, com *Lúcia di Lamenmoor*. A estranheza inicial de assistir a dramas tão densos e contundentes interpretados por crianças logo é superada pelo talento e pelo desembaraço dos pequenos atores, somados ao vestuário exuberante e à maquiagem que os transforma em adultos, além da afinada orquestra de 18 músicos que Aniello Costábile dirige com brilho e entusiasmo.

Nos dias seguintes, uma coleção de óperas como *Il Barbieri di Siviglia*, *La Traviata*, *Tosca* e *Somnanbula* confirma o estrondoso sucesso da *troupe*. A cada noite, os irmãos

Petrelli recebem cumprimentos da sociedade local, que se esmera em festas e recepções aos artistas mirins.

Nas primeiras apresentações, Maria Ricci é mera coadjuvante de seus colegas, atuando em papéis secundários ou integrando o coro, até que chega seu grande dia. A anunciada montagem de *Carmen*, de Bizet – ponto alto da programação da Companhia do maestro Guerra –, cria uma onda de excitação no mundo erudito da cidade.

Nos bastidores, tudo é preparado para o início do espetáculo. Enquanto os atores se posicionam, Maria Ricci dirige-se ao camarim, onde o maestro Costábile ajeita o fraque.

– *Maestrino*, não vai me desejar sorte?

Aniello assusta-se.

– Minha *piccola*. Você não deve entrar aqui, mas... *buona fortuna* – ele diz, nervoso, conduzindo-a para fora.

Ela se volta e lhe dá um beijo no rosto.

As cortinas se abrem. A trama desenvolve-se entre uma fábrica de tabaco e um quartel, ambientada em Sevilha. A última a entrar em cena no primeiro ato é Maria Ricci, interpretando *Carmen*, a ousada cigana que seduz a todos que estão à sua volta, mas não consegue a atenção do cabo Don José. Sua dança provocativa evoca sedução e desafio, que a pequena atriz interpreta com maestria. Ao entrar em cena, canta a *Habanera*.

> *L'amour est enfant de Bohême*
> *Il n'a jamais, jamais connu de loi*
> *Si tu ne m'aimes pas, je t'aime*
> *Si je t'aime, prends garde à toi!*

Pelo canto do olho, Aniello percebe que Maria lhe lança olhares enquanto canta a *habanera* da cigana rejeitada. Ao final do primeiro ato, quando *Carmen* deve jogar a rosa ao amado, Maria lança-a em direção ao maestro. Surpreso, ele vira-se para o palco e ela lhe pisca o olho.

Carmen é um sucesso. A *performance* da pequena Maria Ricci torna-se o assunto principal da cidade. Uma comissão organizadora composta por senhoras da sociedade grã-fina organiza uma *serata* em homenagem à pequena estrela, que terá lugar durante a segunda apresentação de *Carmen*. Os ingressos são disputados. A família do presidente do Estado, Carlos Barbosa, ocupa o camarote central do Colyseu. Em virtude das reclamações do público contra o uso de chapéus femininos que estariam atrapalhando a visão da plateia, os irmãos Petrelli providenciam uma chapelaria para as senhoras, logo à entrada do teatro.

No segundo dia, Maria Ricci arrasa novamente. No fim de cada ato, é chamada ao palco e ovacionada pelo público, encantado com o impressionante desempenho da menina. Em um dos intervalos, o jovem acadêmico de Medicina Tito Torres pede licença para ler um poema de sua autoria dedicado à *Carmencita*, o que provoca um pequeno aborrecimento que Aniello tenta disfarçar. Quando termina o espetáculo, o palco é forrado com *corbeilles* e *bouquets* ofertadas pelas famílias presentes. Maria retribui com uma pungente interpretação de *Matinada*, de Leoncavallo. Cercada pelos assistentes que lhe oferecem presentes, a pequena atriz irradia felicidade. A um canto, Aniello experimenta uma ponta de orgulho de sua amada.

À noite, em seu quarto, o jovem maestro custa a pegar no sono. Escuta, então, quase imperceptíveis batidas na porta. Ao abri-la, depara-se com Maria vestindo pijamas de flanela, tendo às mãos objetos que mal consegue segurar. Aniello entra em pânico.

– *Ma cosa fai*.

– Vim só mostrar os meus presentes – ela diz ingressando no quarto e espalhando os objetos sobre a cômoda.
– Vem ver.
Ela tira de uma caixinha um colar de ouro e finge que o coloca no pescoço.
– Ouro puro, acredita?
– Maria, *per favore*. Você deve voltar para seu quarto imediatamente.
– E essa pulseira de ouro, não é linda? Um anel de esmeralda, outro de brilhante, um broche de... adivinha? Ouro. E uma quantidade de caixas de bombom e marzipan que, se eu comer tudo, vou ficar assim – ela enche as bochechas de ar e solta um risinho que o desarma.
Um trovão explode lá fora. Assustada, Maria procura proteção nos braços do maestro. Aniello não resiste. Pega seu rosto entre as mãos e a beija suavemente nos lábios. Maria arregala os olhos e abre um largo sorriso.
– *Maestrino*!
Agora é ela que enlaça em seu pescoço e o beija com fervor, enquanto trovões e relâmpagos enchem a noite porto-alegrense.

IV.

Aniello e Maria experimentam dias de paixão juvenil, exercitada em um namoro respeitoso de encontros furtivos e trocas de beijos e sorrisos. O jovem maestro sabe, contudo, que esses momentos de felicidade que jamais experimentara antes não poderão durar para sempre, já que sua namorada é ainda uma menina, o que demanda da parte dele honestidade, bom senso e uma atitude firme que não deverá tardar.

Embora os dois apaixonados ajam com discrição, o *affair* não passa despercebido dos olhares argutos do comendador Guerra. Ele pede que seus funcionários vigiem o maestro e sua principal estrelinha. Ao cabo de dois dias, pede a presença de Aniello diante dele.

– Meu caro maestro. Tem chamado a atenção, não só minha, eu lhe garanto, que existe uma certa afeição um tanto exacerbada entre você e nossa pequena Maria Ricci. Como sabe, sou o responsável pela integridade de cada um dos nossos pequenos atores perante suas famílias, portanto, não posso ficar alheio quando acontece algo fora do *script*, digamos assim.

Ele fica em silêncio esperando que o maestro se pronuncie. Aniello compreende que é hora de esclarecer as coisas e assumir os devidos compromissos que a situação exige. Revela, então, ao comendador seus sentimentos em relação a Maria e a reciprocidade dela. Garante que está firmemente disposto a oficializar a relação em um noivado.

Ernesto Guerra ouve o maestro um tanto impaciente. Aos poucos, uma irritação incontrolável começa a se apossar do velho comendador.

– Disparate! Não há a menor possibilidade e, se houvesse, seria necessário o consentimento dos pais de Maria.

– Maria fez esta consulta e já temos a concordância da família.

Segue-se uma discussão severa entre os dois até que Guerra, acuado pela insistência do rapaz, pede uma trégua.

– Aniello, peço-te um favor. Em uma semana, estaremos encerrando essa etapa da nossa *tourné*. Vamos deixar esse assunto para o momento adequado. Prometo ponderar. Só mais alguns dias.

Aniello não sai plenamente satisfeito da conversa, mas aceita os termos propostos pelo diretor.

Com suas colegas de quarto, Maria tem se mostrado mais brincalhona e saliente do que o normal.
— Que bicho te mordeu? — uma delas pergunta.
— Não foi bicho e não foi mordida — ela diz e solta uma gargalhada.
Nisso, alguém bate à porta.
— *Signorina* Maria. Arrume suas coisas!
Naquela noite, estreia no Colyseu a *Cavalleria Rusticana*, de Pietro Mascagni, na qual Maria faz um papel secundário. Ao chegar, Aniello estranha a ausência de sua amada entre as meninas que tomam posição no palco.
— Onde está Maria? — pergunta a elas.
As pequenas atrizes olham-se constrangidas até que uma responde:
— Hoje à tarde, vieram buscá-la no quarto.
— Buscaram? Como? Quem?
— Disse que era funcionário do teatro.
Aniello irrompe no escritório do Colyseu, onde o comendador Guerra brinda com os irmãos Petrelli.
— O que aconteceu com Maria? — pergunta, furioso.
— Calma, meu jovem. Está tudo bem com a menina.
— Onde ela está? — Aniello grita.
— Devagar, meu caro. Vamos manter a conversa em nível civilizado.
— Desde quando raptar uma moça é civilizado?
— Estamos enfrentando uma situação delicada e decidi cumprir a minha obrigação de preservar a menina até que as coisas voltem ao normal.
— Onde ela está?
Nicola Petrelli fecha a porta do escritório para evitar que a discussão seja ouvida.
— Em viagem — diz o comendador.

– Exijo que o senhor faça retornar Maria imediatamente!

O comendador procura contemporizar.

– Meu caro Aniello. Você tem uma carreira brilhante pela frente. Não estrague tudo. Estamos dispostos a relevar o seu ato de indisciplina e mantê-lo na Companhia, desde que, é claro, assuma o compromisso de respeitar os regulamentos. Posso oferecer um contrato mais duradouro, com uma remuneração melhor.

– Não vai comprar a minha dignidade – protesta Aniello. – Para onde a mandaram?

O comendador ergue o tom:

– Pense bem. Sou uma pessoa influente. Tenho o poder de alavancar ou aniquilar carreiras no mundo da música. Você escolhe. Agora, faça o favor de cumprir sua obrigação e voltar ao palco, que está quase na hora do espetáculo!

– Não vou reger!

– Como não vai? – estranha Nicola. – O teatro está cheio!

– Enquanto não trouxerem Maria de volta, estou fora.

Após uma noite turbulenta em que alternou insônia e pesadelos tétricos, Aniello tem algumas decisões tomadas, mas, primeiro, precisa saber para onde mandaram Maria. Se não conseguir que o comendador a traga de volta, já decidiu ir ao encontro dela. Pela manhã, na mesa do café, percebe uma tensão entre as crianças da Companhia, certamente sabedoras dos incidentes da véspera. Aos jornais, a empresa dos irmãos Petrelli atribuiu o adiamento da estreia da *Cavalleria Rusticana* a um mal-estar do maestro e garante a apresentação da ópera nesta noite.

Após uma rápida refeição, Aniello se dirige para o porto. Fica sabendo pelas listas de passageiros que Maria foi embarcada em um paquete rumo a Pelotas, no Sul do Estado, conduzida por um funcionário da Empresa Petrelli.

Desolado, retorna ao hotel e recebe uma notícia confortante. Em telegrama emitido da parte do cônsul da Itália em Rio Grande, Maria diz que está bem, sob a guarda da família Lamborghini. Contudo, denuncia que pretendem levá-la para Buenos Aires e pede que Aniello vá ao seu encontro. Está terminando de ler o telegrama quando escuta a voz do comendador às suas costas.

– E então, meu jovem? Espero que tenha refletido durante a noite e esteja disposto a aceitar a minha proposta.

– Minha posição é a mesma. Já sei onde ela está e vou mover céus e terras para trazê-la de volta.

– Nesse caso não resta alternativa senão desligá-lo e contratar outro maestro, o que os irmãos Petrelli já devem estar providenciando.

– Os senhores raptaram a minha noiva e estou disposto a entrar na Justiça e procurar a imprensa. Certamente, uma acusação de rapto mancharia o bom nome da sua companhia.

– Talvez, em vez de rapto, a imprensa trate o assunto como um zelo de nossa parte para proteger uma menina que pode estar sendo seduzida por um adulto!

※

Excluído do grupo, Aniello deixa o Grande Hotel e hospeda-se na Pensão Familiar, a duas quadras dali. Nos dias seguintes, tenta reverter a situação a que foi submetida sua amada, mas não recebe mais notícias dela. Resolve denunciar o rapto à imprensa.

O jornal *O Diário* do dia 24 de outubro publica: *La Carmencita – Um incidente entre o maestro Costábile e a companhia por causa da jovem Maria Ricci*. A história narrada em seus pormenores é o assunto principal da cidade. Ao fim do dia, não há quem desconheça o caso de amor entre o maestro e a pequena *primma donna*, e as ações do comendador para afastá-los. Diante da reportagem, Ernesto Guerra mostra o telegrama enviado pelos pais de Maria Ricci negando permissão para o noivado e solicitando que ela cumpra o contrato com a Companhia.

Aniello, então, contrata um advogado e ingressa na Justiça com um pedido de *habeas corpus,* em favor de Maria Ricci, alegando que ela estaria sofrendo constrangimento ilegal. O juiz Manoel Tostes indefere o mandado, sob o fundamento de que não cabe ao solicitante tal pedido e sugere que ele vá à Polícia.

Os dias se passam e Aniello não recebe novas notícias de Maria. Sozinho, vê os esforços para reencontrar a amada esbarrarem na intransigência do comendador. A *Compagnia Lirica* viaja a Pelotas, e os jornais anunciam o retorno de Maria Ricci às apresentações do grupo. Desapontado, Aniello reúne o dinheiro que lhe resta e retorna à Europa.

V.

Desde o primeiro telegrama que enviou, Maria Ricci não teve mais notícias de Aniello. O comendador a ameaça com sanções, caso ela se recuse a atuar. Pressionada, retorna ao palco para os últimos dois meses da excursão pelo Brasil. A *Compagnia Lirica Lillipuziana* faz grande sucesso em Pelotas, Santa Catarina, Paraná e Goiás. O noticiário sobre o romance entre ela e o jovem maestro, em vez de prejudicar a temporada, pelo contrário, atiça o interesse do público e torna-se um chamariz de bilheteria. Maria está desiludida. Sua alegria costumeira dilui-se em crises de choro e isolamento. Sua *Carmen* perde em graça e ganha em densidade dramática, mas continua sendo ovacionada pelas plateias.

    Encerrada a *tourné*, ela retorna à humilde residência dos pais na pequena cidade italiana de Cesena. Carrega consigo um pequeno tesouro – dezenas de joias e presentes que recebeu dos fãs durante as apresentações – e uma expressão de tristeza no olhar, que aflige a família, acostumada com a vivacidade da menina.

Passam-se seis meses. Uma tarde, ela está em seu quarto a folhear o álbum que montou com recortes de jornais sobre suas exibições, quando sua mãe aparece à porta.

– *Marietta*. Tem um moço aí fora querendo lhe falar.

O rosto da menina ilumina-se.

– Como ele é? Bonito?

A mãe concorda com a cabeça.

– E também parece gentil, um tanto encabulado.

Maria pula da cama e corre para a porta da casa, aos gritos:

– *Maestrino*!

FINE

O MISTÉRIO DA VELHA RUSSA

A história que Bertha Gruschke conta, com voz esganiçada e uma agitação corporal não recomendável para alguém de idade tão avançada, tem todos os ingredientes de uma novela policial das boas. Diz ela que está impedida de visitar sua amiga Ana Gladochenko, de 80 anos, que se encontra encarcerada no próprio apartamento, desde a morte do marido Mikhail em circunstâncias suspeitas. Na teia de ambição, traições e mistério que emerge de seu relato, o próprio sócio de Mikhail estaria isolando a viúva para se apossar de um pequeno tesouro, formado por obras de arte valiosas, estatuetas milenares de marfim, porcelana chinesa, cristais e prataria, pertencentes ao casal.

Escuto o relato na condição de jovem repórter de um semanário cooperativo que luta para sobreviver no precário processo de redemocratização do país, no qual exilados retornam e presos políticos são libertados, graças a uma anistia parcial. Mas não trato desses temas mais nobres e sim de assuntos policiais, com ênfase em denúncias de corrupção e torturas praticadas por agentes da lei, pois o jornal tem um perfil contestador.

Dona Bertha adentrou a redação e está sendo ouvida por mim porque o filho, dono de uma fábrica de colchões no Bom Fim, é um dos poucos anunciantes do jornal. Ele a trouxe por insistência dela, mas cochicha ao editor que talvez não se deva levá-la tão a sério. De qualquer forma, anoto o que a mulher diz.

Ana Fakturovitch tinha 17 anos quando sua família, ligada por laços de parentesco com os czares depostos pela Revolução Bolchevique, fugiu da Rússia e se refugiou na China. Lá, Ana casou-se com um polonês, mas logo se divorciou. Anos depois, uniu-se a Mikhail Gladochenko, nascido na Manchúria, filho de russos e agente da Interpol, cerca de 15 anos mais jovem que ela. Com a vitória de Mao Tsé Tung, em 1948, o casal deixou a China e veio parar em Porto Alegre, onde Mikhail abriu um comércio de ferragens em sociedade com um oficial do Exército, já reformado, de nome Pedro Barletto, apelidado de *Major*. Segundo Bertha Gruschke, ele estaria mantendo Ana em cárcere privado.

Ainda conforme ela, a amiga está presa a uma cama com diabetes em estágio elevado. Conseguiu visitá-la uma única vez, por estar acompanhada de um advogado. Estranhou a ausência de Olga, a fiel empregada de Ana. Em lugar dela, estava uma mulher de nome Isaura, cuja postura Bertha julgou explicitamente vulgar. Tentou levar a amiga para o asilo judaico, mas o *Major* impediu, alegando que Ana não era judia. Ao advogado, ele mostrou uma procuração, na qual, em lugar da assinatura da viúva, aparecia a impressão de seu dedo polegar, pois ela tinha o lado direito do corpo paralisado. Diante da procuração, o advogado que acompanhava Bertha afirmou que não havia nada a fazer.

Bertha não se deu por vencida e procurou a imprensa, mas os jornais diários não se interessaram pelo assunto. Quando o filho conseguiu carregar Dona Bertha para casa, o editor veio até mim e disse:

– É muita fantasia pro meu gosto.
– Posso dar uma averiguada.
– Esquece. Temos muitas pautas e pouca gente. Volta pra aquele assunto da corrupção no departamento de trânsito.

Passam-se alguns dias e a fábula novelesca de Dona Bertha permanecia em minha cabeça. Em conversa com uma "fonte" na Polícia, indago sobre a morte de Mikhail Gladochenko. No dia seguinte, meu informante traz dados intrigantes.

Dois meses atrás, Mikhail Gladochenko, um homem musculoso, de 65 anos e um metro e noventa de altura, morreu atropelado por um táxi na Avenida Júlio de Castilhos, quando saía de sua ferragem na Praça Parobé e se dirigia para casa, no início da Rua Vigário José Inácio. De acordo com testemunhas, o táxi havia ultrapassado o sinal vermelho em alta velocidade e acertou Mikhail em cheio. No asfalto, não foram encontradas marcas de freio. O motorista causador do acidente chamava-se Manoel Neves. Vindo poucos dias antes do Rio de Janeiro, conseguira um trabalho eventual na Auto Locadora Rolante. O próprio dono da empresa fez a denúncia, ao notar que, na noite do atropelamento, o táxi prefixo 335 tinha o paralamas amassado e com manchas de sangue. Desde então, o motorista Neves desapareceu e nunca mais foi localizado. Uma diligência policial revelou que o sujeito apresentara documentos falsos para obter emprego na empresa de táxi.

A trama denunciada por Dona Bertha ganha, então, um outro elemento: suspeita de assassinato. Estava na hora de visitar o apartamento.

O antigo edifício exibe um ar de abandono. Possui três andares com quatro apartamentos em cada piso. As seis janelas da frente se mantêm fechadas e em péssimo estado. Ao lado, um prédio semelhante está sendo demolido. Acompanhado por um fotógrafo do jornal, subo ao terceiro andar do edifício e toco a campainha da porta número 34, localizada na parte dos fundos, à esquerda. Ninguém atende, embora eu perceba ruídos e movimentação de sombras pelo vão inferior da porta vindos do interior do apartamento. Aciono várias vezes a campainha até que uma mulher de cerca de 40 anos, um tanto gorda, vestindo um baby-doll amarelo, abre uma fresta e é imediatamente iluminada pelo *flash* do fotógrafo Jorge.

– Isaura, imagino?

– O que seria? – pergunta, contrariada.

– Sou jornalista. Gostaria de ver Dona Ana. Há uma denúncia de que...

Ela fecha a porta. Encosto o ouvido na porta e ouço a voz dela, provavelmente ao telefone. Após alguns minutos, Isaura retorna.

– Um instante que o procurador de Dona Ana está chegando.

Esperamos mais de dez minutos até que um homem surge ofegante pelas escadas.

– Os senhores não podem aparecer assim, desta forma, sem prévio contato. Minha amiga está muito doente e não pode receber visitas.

– Estamos aqui para averiguar uma denúncia.

Ele interrompe:

– Sei, sei. Dona Bertha. Aquela senhora está muito

perturbada e criou uma fantasia enlouquecida, uma trama sem pé, nem cabeça. Os senhores não podem dar ouvidos a ela.

– Ela disse que não consegue visitar a amiga. Achamos estranho.

Gentileza não parece ser o forte do *Major*, mas ele se esforça.

– Como amigo e procurador, estou fazendo todos os esforços para cuidar da saúde da viúva de meu sócio. A presença desta senhora deixa Ana muito nervosa.

– Ainda assim, gostaríamos de vê-la, se o senhor não se importa.

– São jornalistas, não é? Vou permitir, mas com algumas ressalvas.

Dou de ombros.

Contrariado, Pedro Barletto enfia a chave na fechadura. Isaura está na sala, aparentando nervosismo pela nossa presença, porém não exibe nenhum pudor de estar de baby-doll na frente de estranhos. Antes de nos conduzir a um quarto no final do corredor, o homem pede ao fotógrafo que deixe a máquina na mesa da sala.

– Somente dois minutos.

Dona Ana repousava em um quarto escuro, no qual o aroma de alfazema borrifado por *spray* tenta vencer o desagradável cheiro de mofo. Sobre a cômoda, destaca-se um majestoso *menorah*, o castiçal com sete velas característico da cultura judaica, em prata.

– Dona Ana é judia? – aponto para o *menorah*.

– Se era, deixou de ser quando casou com Mikhail, que era cristão ortodoxo. Esse castiçal é relíquia da família, uma das poucas que lhe restaram, a menos que os senhores acreditem nas fantasias de Dona Bertha, de tesouros magníficos e coisas deste tipo. Por favor, agora vamos para a sala.

Pedro Barletto reitera sua preocupação com Ana Gladochenko, a quem diz considerar como uma irmã. Conta que ela está sob os cuidados de um destacado especialista em diabetes, mas lamenta que o caso seja grave e não tenha muito tempo de vida.

O *Major* fez um gesto de nos empurrar para fora do apartamento.

– Eu teria duas perguntas, se o senhor não se importa.

Ele concorda, um tanto aborrecido.

– Por que Dona Ana não está sendo cuidada por sua antiga governanta Olga?

– Olga andava muito nervosa pelo estado de saúde de Ana, chorava a todo o momento e sua presença estava sendo prejudicial.

– Isaura é enfermeira? – a pergunta adquire um tom de ironia pela indumentária da mulher.

– Amiga da família – é o que Barletto consegue responder.

– Sobre a morte de seu sócio em circunstâncias estranhas, o senhor teria algo a dizer?

– A pergunta deve ser dirigida às autoridades policiais – ele responde, ríspido. Logo, prossegue com mais calma. – Exigimos da Polícia o completo esclarecimento do caso, mas parece que eles não conseguiram ir adiante. A nossa polícia, o senhor deve saber como é... Mais alguma coisa?

Ao se despedir, Barletto ainda diz:

– Esqueçam essa história mirabolante. Não há tesouro nenhum. A única coisa de valor que Mikhail possuía era esse apartamento.

Quando chegamos à rua, uma moradora está ingressando no prédio, carregando duas sacolas de supermercado. É uma mulher idosa e magérrima. Vou até ela, apresento-me como jornalista e pergunto se ela sabe algo a respeito da moradora do 34. Com voz afetada pela rouquidão, ela responde que convivia com o casal Gladochenko, mas depois da morte de Mikhail, não teve mais contato com Ana. Sabe que ela está muito doente.

– Nem sei se vou vê-la mais. Na semana que vem, me mudo. Em breve, tudo isso vai ser demolido.

– Sabe onde eu poderia encontrar a empregada, Olga?

– Existe um hotel no início da Rua Voluntários da Pátria. Um hotelzinho desses, o senhor sabe... O turno dela começa às dez da noite.

O hotel funciona em um prédio acanhado de dois andares, com uma escadaria junto à portaria que seguramente leva aos quartos. Ali, casais apanham as chaves por preços variáveis, conforme o horário de permanência e a infraestrutura que desejam. Com frigobar e TV a cores, os preços ganham acréscimo de 30%. Chego por volta da meia-noite e me dirijo à portaria, sob responsabilidade de uma mulher graúda e inexpressiva, aparentando talvez 50 anos. Ao me ver, ela espicha o olhar tentando visualizar alguma acompanhante.

– Dona Olga, eu imagino?

Ela assusta-se com a pronúncia de seu nome. Conto que estou investigando uma denúncia de Dona Bertha que se diz impedida de visitar Dona Ana e faz algumas acusações aos que a prendem.

– Não sei de nada disso.

– Ainda assim, gostaria de trocar umas palavras com a senhora.

Um casal sorridente se posta atrás de mim.

Nervosa, Olga diz em voz baixa:

– Saio às seis – olha para o casal às minhas costas e grita. – Próximo!

O clima de mistério que a história adquire atrapalha meu sono. Às cinco e meia da madrugada estou diante do hotel com os olhos fixos na entrada. Alguns casais sonolentos deixam o edifício. Passados alguns minutos das seis, Olga aparece com uma sacola de plástico. Faço menção de me aproximar, no entanto, ela faz um gesto para que eu espere.

Percorre a rua até a esquina com a Avenida Farrapos, dobra à esquerda e ingressa em uma padaria logo adiante. Vou atrás e sento ao lado dela no balcão.

Antes que eu pergunte, ela diz:

– Como lhe disse, não sei o que está acontecendo. Só sei que me tiraram de perto de Dona Ana.

– Por quê?

– Pergunte pro *Major*.

– Quem é Isaura?

O atendente coloca uma xícara de café com leite e um sanduíche diante de Olga.

– Para o amigo alguma coisa? – ele pergunta.

Faço que não.

Olga bebe metade da xícara e devora o sanduíche com três mordidas. Depois, respira fundo e começa a falar.

– O hotel pertence ao *Major*. Isaura costumava frequentá-lo e tornou-se amante do senhor Mikhail. Ele era um excelente marido para Dona Ana, atencioso, tratava a esposa com muito carinho, mas ela era bem mais velha e, bem, homem tem essas necessidades. Isaura era gerente do hotel. Quando o senhor Mikhail morreu, esse *Major* nos trocou de lugar, sem explicação.

– A senhora acredita que a morte foi acidental?

– Não sei, e essas coisas é melhor não saber.
– E as joias a que se refere Dona Bertha?
– Fiquei com eles durante quase 30 anos e nunca ouvi falar. Pelo contrário, muitas vezes passavam por enormes dificuldades financeiras.

Tento arrancar mais alguma coisa de Olga, mas não consigo nada que valha a pena.

– Só posso dizer, de ouvir falar, é que o senhor Mikhail estava envolvido em um grande negócio, mas não sei qual.

Não havia tesouros exóticos, não consegui nenhuma informação a mais sobre a morte de Mikhail Gladochenko e fiquei sem reportagem.

Passaram-se dois anos. Soube por avisos fúnebres nos jornais que tanto Ana quanto Bertha haviam falecido. O semanário onde eu trabalhava fechou e minha vida profissional tomou um rumo que não vem ao caso. Certo dia, caminhava pelo Centro e passei pela Ferragem Mikhail, que agora tinha outro nome. Indago a um funcionário sobre o paradeiro do *Major*.

– Envolveu-se em um grande negócio e enriqueceu de uma hora para outra. Vendeu a ferragem a preço de banana e mudou-se para o estrangeiro, ninguém sabe onde. Deve estar aproveitando a vida.

Lembro a frase de Olga: "O senhor Mikhail estava envolvido em um grande negócio".

Dirijo-me ao antigo endereço de Mikhail. No lugar do pequeno edifício, erguera-se um suntuoso prédio de escritórios comerciais com 12 andares. Vou até o sorridente e perfumado vendedor postado em uma escrivaninha no hall de entrada, e finjo interesse no empreendimento. Durante a conversa, fico sabendo que o conjunto deveria estar pronto dois anos antes, contudo a resistência de um dos moradores do antigo prédio atrasou as obras.

– O sujeito tinha concordado com o preço oferecido pela construtora. Quando todos os outros moradores já tinham vendido seus apartamentos, ele endureceu o jogo e pediu dez vezes o valor combinado pelo seu. Um absurdo! Durante as tratativas, quando a empresa aceitou o preço, o cara morreu atropelado. Ficou tudo pra viúva. Ironias da vida.

Em minha memória ressoa a frase do *Major* Barletto: "De valor, Mikhail só tinha esse apartamento".

'LOVE STORY' NO CAFÉ CENTRAL

CENA I

Rubrica: "Café Central – 1937".
INT* - Café Central, mesas repletas, conversas e risadas em voz alta. Ao fundo, um grupo de músicos começa a se preparar. Em uma das mesas, quatro homens conversam e se destacam o intendente Loureiro da Silva e o radialista Nilo Ruschel.

LOUREIRO
A verdade, senhores, é que o Estado Novo é uma necessidade. O *doutor* Getúlio precisa de mais tempo para consolidar sua grande obra de desenvolver o país.

---
* INT - cena interior

NILO RUSCHEL
Mais tempo? Já são sete anos, doutor Loureiro.

LOUREIRO
Isso mesmo, meu caro Ruschel. Sete anos de sabotagem por parte das oligarquias e seus representantes no Parlamento. Corríamos o sério risco de uma reversão que poria tudo a perder. Agora, o *doutor* Getúlio terá plenas condições de implementar o seu projeto nacional.

Aproxima-se uma garçonete, portando uma bandeja com quatro chopes. Coloca-os na mesa e se afasta.

LOUREIRO
Haverá, na cidade, mulher mais desinteressante que a nossa pobre Adelaide?

NILO RUSCHEL
É uma romântica, sempre à espera de seu príncipe encantado.

LOUREIRO
Só se for um cego.

EXT* – Homem com bengala desce as escadarias apalpando o corrimão e se dirige a uma porta. Ao fundo, ouve-se o burburinho do Café.

INT – Cena vista do interior do café, onde o homem ingressa pela porta. Ao vê-lo entrar, um rapaz coloca uma cadeira no seu caminho. Todos

---

* EXT - cena externa

Café Central

ficam na expectativa de que ele irá tropeçar. O cego caminha lentamente. Ao se aproximar da cadeira, se detém. Sua mão procura a espalda da cadeira e ele delicadamente a afasta para o lado, com um sorriso maroto. Os companheiros de mesa do rapaz que colocou a cadeira riem dele e lhe esfregam seu cabelo. O cego se dirige para o palco. O pianista Paulo Coelho diz a ele:

PAULO COELHO
Quase atrasado, seu Arthur.

ARTHUR *(expressão maliciosa)*
Moro longe.

PAULO COELHO *(apontando para o teto)*
Muito longe. A cinquenta degraus daqui.

O cego acomoda as tiras do acordeão nos ombros quando aparece a garçonete Adelaide.

ADELAIDE
Seu chope, seu Arthur.

O cego abre o sorriso, cheira o perfume de Adelaide no ar, pega o chope com uma das mãos e alisa a mão de Adelaide com a outra.

ARTHUR
Adelaide, o que eu faria sem você?

ADELAIDE
Assim o senhor me deixa sem jeito.

ARTHUR
"Senhor" é o intendente Loureiro da Silva que, pelo que consigo ouvir, está na segunda mesa à esquerda, conversando com o Nilo Ruschel, meu chefe na Rádio Sociedade Gaúcha. Pra ti, eu sou só Arthur.

A orquestra começa a tocar. As vozes diminuem. Adelaide escuta a música inebriada e sua atenção é chamada por um dos irmãos Medeiros.

MEDEIROS
Acorda, Adelaide! Três chopes na mesa 12!

ADELAIDE
Sim, senhor.

CENA 2

Rubrica: "Cais de Porto Alegre - 1907".
EXT – Trapiche antigo do cais de Porto Alegre.
Um casal se despede do filho de oito anos. O menino é cego.

MÃE
Não esquece, Arthurzinho. Chegando ao Rio de Janeiro, uma pessoa do Instituto Benjamin Constant estará te esperando. Seja obediente.

ARTHUR
O Rio de Janeiro é bonito, mãe?

MÃE *(depois de olhar constrangida para o marido)*
Tudo é bonito quando a gente se sente bem. Lá, vais aprender a ler e tocar algum instrumento.

Clip de imagens do menino, lendo em braile e tocando piano e acordeão. O professor faz uma expressão admirada.

CENA 3

Rubrica: "Theatro Colyseu Porto Alegre - 1924".
Cartaz com os dizeres "Theatro Colyseu - Festival Arthur Elsner"

EXT – Palco do Theatro Colyseu. Arthur, agora um rapaz, se apresenta no palco, tocando piano, acordeão, xilofone e, por fim, faz um solo de bateria. Na plateia, um casal conversa.

MULHER
Que instrumento é aquele?

HOMEM *(lendo o programa)*
Diz aqui: *Drums!*

CENA 4

Rubrica: "Estúdio da Rádio PR2 - 1938".
INT - Estúdio de rádio. Arthur toca piano. Um tango. Chega Nilo Ruschel, retira o sobretudo e ouve distraído, mas aos poucos vai se interessando pela música. Ao final, comenta:

NILO RUSCHEL
Que maravilha de tango! Melódico, intenso. De quem é?

ARTHUR
Meu. Chama-se *Adelaide*.

NILO RUSCHEL *(expressão incrédula)*
Adelaide, a... garçonete do Central?

ARTHUR
Compus pra ela.

NILO RUSCHEL
Ora, Arthur, digamos que a Adelaide...

ARTHUR
Que criatura! Meiga, delicada. A verdade, chefe, é que estou enamorado. Achas que tenho alguma chance?

CENA 5

INT – *Café Central. A orquestra está se posicionando no palco. Adelaide aproxima-se de Arthur.*

ADELAIDE
Chope, seu... Desculpa. Teu chope, Arthur.
Arthur beija a mão de Adelaide.

ARTHUR
Tenho uma surpresa pra ti.

ADELAIDE *(sem jeito)*
Pra mim? O que será?

ARTHUR
Não posso dizer. É surpresa. Espero que gostes.

PAULO COELHO
Hoje, temos a grata satisfação de apresentar em primeira mão uma música nova, recém-composta pelo nosso músico, o nosso *factotum*, multi-instrumentista Arthur Elsner. Espero que seja do agrado dos senhores. É um tango chamado *Adelaide*.

Arthur senta-se ao piano. A música começa. Adelaide espanta-se, olha para os lados e percebe que os olhos vão se voltando para ela. Ao final, Arthur recebe os aplausos gerais.

CENA 6

INT – Café Central vazio. Adelaide está preparando-se para sair e Arthur a espera. Ele nota a chegada dela pelos passos e pelo aroma do perfume, e se apruma.

ARTHUR
E então? Gostou?

ADELAIDE
Uma maravilha! Não sei o que dizer...

ARTHUR
Diga "sim", quando eu pedir para acompanhá-la até em casa daqui a pouco. Posso acompanhá-la?

ADELAIDE
Eu moro longe.

ARTHUR
Pra isso que existe o bonde.

ADELAIDE
Mas depois, como tu vai voltar?

ARTHUR
De bonde. Pra isso que ele serve.

Arthur dobra o cotovelo para que ela enfie o braço no dele.

CENA 7

SEQUÊNCIA DE IMAGENS – Música brejeira de fundo. Arthur e Adelaide no Parque da Redenção comendo pipocas; cenas de brincadeiras entre os dois; no cinema, ela sussurrando ao ouvido dele o que está acontecendo na tela. Alternam-se cenas de Arthur tocando no Café e ela servindo as mesas. Ela lhe serve o chope e ele lhe beija a mão. Os dois vestidos de noivos saindo da igreja. Pessoas jogando arroz sobre eles. Arthur tocando no estúdio da rádio. Sequências de imagens de jornais destacando programas de rádio.
Rádio Gaúcha - Irradiações de hoje:
22 horas – Hora do Fazendeiro, *com solos de acordeona de Arthur Elsner.*
21:30 – Arthur Elsner interpretando em solo de acordeona 1) Mate Amargo, *rancheira; 2)* O meu Cigarrinho de Palha, *schottisch de sua autoria; 3)* Vamo para Rodeio, *polca-choro de sua autoria.*
20:45 – Arthur Elsner, interpretando ao piano músicas de sua autoria: Meninas Risonhas, *marcha em estilo alemã; Arranjo sobre a valsa* Danúbio Azul, *de Strauss; Arranjo humorístico sobre o* Tango La Cumparsita.
21 horas – Jazz Energia apresentando Canção da Mulher de Nova York, *solo a dois pianos de Arthur Elsner.*

INT – Adelaide, grávida, na sala, lendo a Revista do Globo e Arthur tocando acordeão. Os dois segurando um bebê recém-nascido.

EXT – Adelaide e Arthur no Parque de Diversões brincando com um menino.

Cena 8

EXT – Arthur e Adelaide caminhando pela Rua da Praia. Ele nota algo errado no comportamento da esposa.

ARTHUR
Algum problema, Adelaide?

ADELAIDE
Não sei, não ando me sentindo bem. Uma dor no estômago.

INT – Adelaide deitada em uma cama de hospital. Arthur segurando sua mão.

ARTHUR
Em breve, vais voltar para casa, meu amor.

ADELAIDE
Deus te ouça.

INT – Arthur no consultório de um médico, tendo ao fundo um som melancólico de piano. O médico fala algo e Arthur baixa a cabeça.

CENA 9

INT - Nilo Ruschel chega ao estúdio e observa Arthur ao piano tocar o tango Adelaide, *com fúria. Nilo assiste à cena, preocupado. Um funcionário chega perto.*

FUNCIONÁRIO
Adelaide faleceu ontem.

Nilo Ruschel vai até ele e o abraça. Arthur chora copiosamente no ombro do amigo.

CENA 10

Rubrica "Rádio Farroupilha -1954"
INT - Interior do estúdio. Arthur, já de cabelo grisalho, está tocando piano, com um técnico gravando. Um funcionário entra no estúdio, assustado.

FUNCIONÁRIO
Getúlio suicidou-se! Um grupo está vindo para cá! Estão quebrando tudo pelo caminho.

Um grupo de pessoas, tendo à frente um homem portando um retrato de Getúlio, adentra o estúdio e começa a depredar tudo, aos gritos.

GRITOS
Abaixo Chateaubriand! Morra Lacerda! Viva Getúlio!

INT - Imagens de gravações sendo jogadas ao chão, várias de Arthur. Closes de rolos com etiquetas de músicas de Arthur. Imagem de Arthur assustado. Grupo deixa o estúdio com dezenas de fitas de rolo no chão. Arthur, desolado, está ajoelhado.
Câmera passeia pelas fitas de rolo com os créditos à máquina de escrever: O Castigo e o Perdão de Deus – *Arthur Elsner;* O Caminho da Pretoria – *Arthur Elsner;* Rapsódia Farroupilha – *Arthur Elsner;* Serenata Edi – *Arthur Elsner;* Teu Adorado – *Arthur Elsner;* Delirium Tremens – *Arthur Elsner;* Adelaide – *Arthur Elsner.*

Cena 11

Rubrica: "Bairro Menino Deus -1970"
Tela escura. Ouve-se um burburinho de bar, com música ao fundo.

INT – Sala pequena. Aparece uma mão servindo dois copos de cerveja. Arthur, de óculos escuros, envelhecido, ergue o copo, fazendo um brinde.

ARTHUR
Saúde, meu amor. Ontem fui visitar a nossa netinha. Tá bonita a guria. Parecida contigo, o mesmo jeitinho.

ARTHUR
Quer ouvir alguma coisa? Já sei. Chopin. É teu preferido.

Arthur ergue-se e vai até uma prateleira. Na parede, o pôster da Seleção Brasileira de 1970 e um retrato de Adelaide. Mão de Arthur se aproxima do gravador de rolo e desliga. Cessa o ruído de bar. Rosto de Arthur tateando LPs. Escolhe um e coloca na eletrola. Ouve-se a música de Chopin. Ele retorna à mesa.

ARTHUR
Eu adorava tocar essa valsa. Sabia que era tua preferida, então, caprichava. Saudades daqueles tempos, Adelaide, o Café Central, o nosso namoro. Quantas viagens de bonde juntos, quantas histórias! E aquela música, as brincadeiras, os amigos, aquela alegria transbordante. E o gordo Paulo Coelho? Morreu tão cedo. Acho que tudo aquilo morreu cedo demais. Mas a gente aproveitou.

Imagem da cadeira vazia diante dele.

EXT - Imagem de um velho sobrado que vai se afastando.

VOZ DE ARTHUR
O que não morre é a música. O que seria de nós sem a música, meu amor? E o que seria de mim sem a tua lembrança, Adelaide? Ah, Adelaide.

A voz de Arthur vai diminuindo, enquanto a música de Chopin aumenta de volume.

FADE OUT

Reprodução. Frame *Les Amants*

A cena proibida

OS APITOS DA MORALIDADE

Escândalo! No final de 1959, a atriz francesa Jeanne Moreau promete eriçar a libido dos espectadores do Cine Cacique. Em *Les Amants*, ela faz a oprimida esposa de um magnata da imprensa que se envolve com um jovem arqueólogo, interpretado por Jean Marc Bory. Durante uma lúbrica cena de quase 20 minutos, ao som de Brahms, o personagem de Bory desliza os lábios ventre abaixo de *La Moreau* até sumir do alcance da câmera, ficando em quadro ela a resfolegar. Tudo muito sutil e requintado.

O falatório chega antes do filme. Em plena segunda-feira, na sessão das duas, as 1.800 poltronas *pullman* do Cacique estão ocupadas. Os cinéfilos do Clube de Cinema, liderado pelo jornalista Paulo Fontoura Gastal, aguardam o drama do diretor francês Louis Malle com curiosa expectativa. Mas um grupo de jovens bem-nascidos, ligados ao Partido Democrata Cristão, julga que a moral e os bons costumes da cidade correm sério risco. É preciso reagir! No dia da estreia, segunda-feira, 16 de novembro, eles comparecem às sessões vespertinas, munidos de uma arma letal, com a qual pretendem livrar os porto-alegrenses da devassidão ameaçadora: apitos. Quando Bory começa a beijar o corpo de *La Moreau*, os vigilantes da moral assopram seus apitos com fôlego incomum.

Louis Malle tinha 28 anos quando dirigiu *Les Amants*, seu segundo filme, credenciado pelo Prêmio Especial do Júri do Festival de Veneza. Baseado no conto *Point de Lendemain*, de Dominique Vivant, publicado em 1777, uma história tipicamente burguesa sobre moral, desprezo e traição, Malle convidou a escritora Louise de Vilmorin para escrever os diálogos, com o claro objetivo de que o filme tivesse uma perspectiva feminista.

A ousadia da fita, percebida pelo crítico da *Revista do Globo* Enéas de Souza, está estampada em dois detalhes principais. Negligenciada pelo marido, a personagem *Jeanne* tinha um amante em Paris, situação que poderia manter indefinidamente, tolerada pela moral burguesa vigente. Contudo, ela preferiu a ruptura dos padrões morais e socialmente toleráveis. Abandonou tudo e seguiu com seu novo amante para um futuro ainda incerto.

"Outro detalhe", observa o crítico, "está na tão famosa sequência do primeiro contato carnal dos amantes, quando o diretor mostra com discrição, mas com absoluto realismo uma cena de amor celebrada pelo casal e inteiramente fora dos padrões habituais dos casados".

Foi exatamente esta cena que colocou *Amantes* como alvo principal da Censura. O filme estava proibido em todo o país, exceto nos cinemas do Centro de São Paulo e de Copacabana, no Rio de Janeiro. Com base nessas exceções, os irmãos Ney e Ruy Sá, proprietários do Cine Cacique, programaram a película francesa durante uma semana.

Após três exibições, quando já se formara uma fila considerável na Rua da Praia para a sessão das oito, a Delegacia de Diversões Públicas suspendeu as exibições, alegando que a portaria das exceções não incluía o Rio Grande do Sul. Por pouco não há conflito entre os cinéfilos e os sopradores de apito, em plena Rua da Praia. Os funcionários encarregados de cumprir a ordem quase são espancados, mas a cidade pôde dormir tranquila.

Os proprietários do Cacique preparam um desagrave à musa francesa. Para substituir *La Moreau*, escalam... Jeanne Moreau! Na terça-feira, ela estrela *Perversidade Satânica (Le dos au mur)*, de Edouard Molinaro, novamente no papel de uma mulher casada que possui um amante, mas desta vez em uma trama policial.

Casarão da Duque de Caxias

O TÉDIO NEGRO DA AUSÊNCIA

*"Sem ti, a vida é a morte
O mundo-cárcer fechado..."*

Honorina murmura repetidamente o verso conciso extraído de uma das cartas do amado. É madrugada, os filhos dormem e ela está sozinha no quarto dos fundos do casarão da Duque de Caxias, imersa em um silêncio tão eloquente que é possível ouvir o espocar das fagulhas nas brasas do fogareiro a carvão, aceso apesar do calor. Esparramadas sob a lamparina da mesa, as cartas recheadas de ternura e ensinamentos avivam a memória dos tempos de felicidade, e lhe proporcionam uma espécie de conforto que a afasta, por momentos, da tragédia de sua vida.

Entre as cartas, encontra um retrato de Júlio, ainda moço, ostentando um olhar determinado de quem já definira o seu destino. Seu príncipe era esquisito: baixo, levemente gordote, de andar sacolejante e o rosto salpicado de pequenos estilhaços da varíola que, por pouco, não roubou sua vida na infância. Na primeira conversa com o jovem advogado, Honorina deparou-se com uma exasperante gagueira, a qual – ela perceberia mais tarde – era o único e poderoso martírio daquele homem tão especial. Tempos depois, em uma das cartas, ele aludia o pavor de falar em público e pedia sua ajuda espiritual:

> *Acho-me colocado em dificílima emergência: os meus correligionários aqui tanto fizeram que me vão forçar a fazer uma conferência pública, que se efetuará no sábado, às 8 da noite. Como o auditório será, com certeza, numeroso, estou com receio do fiasco, tanto mais quando o assunto da conferência é difícil e exige grandes torneios de frase oratória, além de muita meditação. Mas sou forçado e não posso deixar de obedecer ao mandado da comissão executiva. Demais, de l'audace, de l'audace, toujours de l'audace, na frase elétrica do imortal Danton. Sabe o que te peço? Que invoques a felicidade para que não me desampare e me livre de qualquer fiasco.*

Com todas essas peculiaridades, Júlio destoava dos rapazes que lhe faziam a corte. Não exibia qualquer resquício de futilidade ou diletantismo, muito menos vaidade. Ao contrário, era discreto e demonstrava uma inabalável segurança sobre tudo que dizia. À vontade diante dela, o rapaz esquecia a gagueira e lhe falava com entusiasmo e propriedade sobre Augusto Comte e a filosofia positivista, a única verdadeiramente científica e que haveria de mudar o mundo, porque compreendia a universalidade dos conhecimentos demonstráveis. Encabulada com a disparidade de ambições, ela só tinha a lhe contar de seu interesse pelo canto e pela pintura. Aos olhos de Honorina, o rapaz tinha um único defeito: fumava compulsivamente.

Júlio entrou na vida de Honorina e vice-versa, como se amalgamados em um único ser. Em poucas semanas de namoro, firmaram compromisso de matrimônio, mas antes teriam que enfrentar provação de três meses de distanciamento; ela, na casa dos pais, em Pelotas, e ele, em Porto Alegre ou em viagens, cuidando dos negócios da família e empenhado na construção do Partido Republicano.

Como consolo à ansiedade da espera, Honorina recebia cartas semanais, com ardorosas declarações de amor e saudades, enviadas pelo noivo da capital ou de onde ele estivesse, através dos paquetes que singravam a Lagoa dos Patos rumo a Pelotas; as mesmas cartas que, passados 20 anos, estão diante dela em um aposento do casarão onde viveu com Júlio seus últimos cinco anos de felicidade.

Na primeira delas, Júlio escrevia a dor do momento da separação provisória:

> *Depois que o carro que te conduzia desapareceu na curva da estrada, e que se desfez lentamente no curto horizonte a última coluna de pó levantada pelo trotar rápido dos cavalos, a qual segui com olhar fixo e imóvel, foi que dei acordo de mim mesmo; e, despertando dessa inconsciência momentânea, pude sentir os olhos enuviados por duas ardentes lágrimas febris.*

Reencontraram-se no dia do casamento, 24 de maio de 1883, na Igreja Nossa Senhora da Luz, em Pelotas, uma suprema concessão do noivo às convenções, pois seu espírito racional e científico refutava qualquer espécie de religiosidade. Mesmo a Religião da Humanidade, criada por Augusto Comte, Júlio considerava um delírio do mestre, fruto de um desculpável transtorno espiritual para compensar a inesperada morte da companheira Clotilde.

  Os filhos nasciam e Júlio acumulava prestígio. Sua ascensão política até alcançar o Governo do Estado e ver seu nome sugerido à Presidência da República tinha Honorina como anjo da guarda, a quem ele reverenciava com um afeto incomum, que ela retribuía com incondicional estímulo. Mesmo quando Júlio deixou o Governo, o casarão continuou sendo visitado por políticos experientes e aprendizes, em busca de conselhos ou apadrinhamentos. Júlio os recebia em seu escritório, com a lamparina focada no visitante para melhor examinar os gestos e as expressões faciais que revelariam suas intenções ocultas pela verborragia. Quando o sujeito saía, ele comentava com a esposa a razão da visita e o que estava por trás da palestra.

  A união, até ali inquebrantável, começou a ruir quando Júlio passou a sofrer as cruéis dores de garganta que lhe produziam uma rouquidão incessante e crises de falta de ar. Com frequência, era acordada pela agonia do marido. Honorina as atribuía ao abuso do cigarro. De uma feita, achou que ele fosse morrer asfixiado em plena cama do casal.

  Os remédios convencionais não surtiam efeito. Os períodos de descanso de Júlio em sua chácara mostraram-se infrutíferos. O tratamento de eletroterapia foi inútil. Especialistas do Centro do país eram consultados, porém suas respostas eram desoladoras.

  Passou-se um ano e meio. Na mente de Honorina, navegam imagens enevoadas daqueles momentos trágicos:

ela junto ao leito segurando a mão flácida do esposo, estonteada com o entra-e-sai de médicos, os melhores da cidade, e de figurões da elite republicana ostentando semblantes carregados de aflição, como a prenunciar a descomunal orfandade que haveria de se alastrar por todo o território. Foi o amigo Protasio Alves quem lhe comunicou a decisão da junta médica.

– Ele tem um edema na garganta que em poucas horas irá asfixiá-lo. É preciso, em primeiro lugar, fazer uma traqueostomia para que ele respire melhor e depois continuar tratando a doença. Mas, devo dizer: a situação é delicadíssima.

Enquanto os médicos improvisavam um ambiente cirúrgico no quarto do casal, Honorina enfileirou os seis filhos diante da cama para que Júlio beijasse cada um deles como uma provável despedida. Às meninas, ele repetia:

– Seja como a tua mãe.

Quando chegou a sua vez, ela percebeu os olhos marejados do marido, frágil como nunca o vira, fazendo antever o pior dos desfechos. O patriarca implacável que vencera a mais sangrenta das revoluções e, com sua sabedoria, escrevera sozinho a Constituição que determinou a um povo inteiro como as coisas seriam dali para frente, não tinha mais energia para derrotar a moléstia que se apossou de seu corpo.

Ao sair do quarto, Honorina ainda escutou o último diálogo entre o médico e o paciente:

– É preciso ter coragem, Júlio.

– Coragem eu tenho. O que preciso é de ar. Quem me cloroformiza?

O coração de Júlio não suportou a cirurgia.

Do enterro como nunca houve na província, Honorina guarda imagens entrecortadas: os lampiões ornamentados com guirlandas acesos em plena tarde por todo o trajeto do casarão ao Cemitério da Santa Casa, ela com as filhas mais velhas na carruagem da família, logo atrás do esquife com a máscara funerária de Júlio esculpida em gesso, seguidos por um séquito interminável, como se toda a cidade estivesse ali, cenas de choro e desmaios, ricos e pobres irmanados na dor.

Nos dias seguintes, recebeu com indiferença as condolências, flores e palavras de conforto, vindas de conhecidos e desconhecidos, pois – ela tinha convicção – se destinavam não à viúva consumida pelo sofrimento, mas a um apêndice que restou do patriarca morto. Mesmo cercada de gente, sentia-se solitária no deserto árido que se tornaria sua vida dali em diante. As vigílias ao casarão e as recordações de Júlio presentes em cada aposento aprofundavam sua melancolia, a ponto de seus familiares julgarem mais apropriado tirá-la dali. Passaria algum tempo em Pelotas, na casa de sua família. Em um dos primeiros dias, contudo, deixou-se submergir na banheira, sem vontade para voltar à tona. Foi salva por uma criada, quando seu corpo se encontrava arroxeado.

Com o tempo, diziam – já se passara um ano e dois meses –, ela haveria de reencontrar ânimo para tocar a vida, no convívio com os filhos e com os netos que logo nasceriam. Voltaria a ser a mulher forte, severa e voluntariosa que acompanhou o marido até ele se tornar o homem mais poderoso do Rio Grande. De tanto ouvir a cantilena, certo dia desabafou:

– Pois eu trocaria a vida dos seis filhos para ter Júlio de volta.

Passou a ser medicada com tranquilizantes. Em uma ocasião, engoliu uma dosagem excessiva de comprimidos. Só não morreu por uma providencial lavagem estomacal. Decidiram que ela deveria ser vigiada de perto, o que de nada mudou sua situação. Sua vida tornara-se insuportável e ela distanciava-se do mundo, sufocada em uma tristeza irreversível. Nos gestos mais corriqueiros, exibia uma indolência com a qual os filhos não estavam acostumados.

O reencontro com as cartas de Júlio deu a ela um novo alento. Às vezes, era apanhada aos risos, lembrando histórias referidas nas cartas. Animava-se até a conversar com os filhos e as visitas sobre episódios como a crise de ciúmes de Júlio quando Honorina escreveu pedindo a ele que intercedesse sobre a nomeação de um antigo professor dela. Ele respondeu falando em "desgosto".

> *Além de serem sempre tuas cartas extremamente lacônicas, tu transformaste em principal assunto delas o assunto referente às informações pedidas; quer dizer isso que em vez de me falares de ti muito, do que fazes e do que pensas, te ocupaste em toda a tua carta desse assunto estranho.*

De outra feita, quando ela enviou um retrato para a futura sogra conhecê-la, Júlio comentou que a fotografia possuía uma "imperfeição desagradável", no entanto, culpou a "desastrada impotência da máquina".

Com o tempo, a leitura reiterada das cartas antigas evidenciou uma verdade que Honorina subestimava. Júlio não era apenas seu marido, mas uma espécie de mentor que determinava seus passos desde o noivado, organizava sua formação intelectual, influenciava seus gostos e dirigia sua vida.

> *Nestes tempos de revolução e de movimento dos espíritos, em que todos os departamentos dos conhecimentos humanos têm sofrido verda-*

deiras transformações radicais em virtude dos maravilhosos trabalhos dos pensadores deste século, é preciso ler muito, estudar muito para não se ficar aquém do movimento geral e complexo que se opera harmonicamente na ciência, na religião, na arte, em tudo, enfim. Ora, eu que tenho alguma ufania de não andar muito aquém do meu tempo, quero que tu, a minha companheira de todos os momentos e de todos os transes e lutas da vida (e quão agitada e tempestuosa vai ser a minha vida de rebelde e indisciplinado!), quero, digo, que tu tenhas o espírito preparado identicamente ao meu; de forma que ele seja sempre para mim uma fonte perene de sugestões fecundas, de inspirações providenciais![...]. Essa preparação consiste, por enquanto e preliminarmente, no estudo das obras que te proporcionei. Posteriormente terá ela o seu complemento indispensável em estudos que terei a satisfação vivaz de dirigir pessoalmente, conforme já te havia prevenido. Sobre a ordem da leitura não tenho nada a acrescentar, visto que de certo conservas a indicação dela – por escrito – que te forneci. Não deves alterá-la, nem esquecê-la".

Honorina não esqueceu. Lembra-se de cada instrução, cada conselho, cada recomendação recebida durante os 20 anos de vida em comum, na qual sua existência foi moldada pela vontade dele – e ela nunca se importou com isso. Manteve, como ele queria, um espírito idêntico ao do esposo. Compartilhou suas crenças, deu apoio incondicional às suas lutas, suportou suas ausências e criou os filhos seguindo os preceitos ditados por ele. Sabia o seu papel e o exercitava com discrição extrema, pois sua vida resumia-se a um ente chamado Júlio Prates de Castilhos.

Nos roteiros de estudo que ele elaborava e Honorina cumpria com rigor e disciplina, não estava previsto que Júlio viveria tão pouco. A morte o colheu aos 43 anos, quando tinha muito a fazer. Chegaria fatalmente à Presidência da República, vaticinavam os mais empolgados. O súbito passamento legou a ela um largo tempo de viuvez destinado unicamente a cultivar a memória do amado, pois não tinha ambições ou expectativas próprias, fora das causas e dos planos do marido, e do convívio com ele. Por um tempo, sua vida encontrou algum elã nas cartas ilustrativas dos tempos de amor e entusiasmo; mas mesmo elas, de tão lidas e relidas, se esmaecem e aprofundam o contraste entre a plenitude de sua vida com Júlio e o vazio em que está imersa.

Honorina certifica-se de que as portas e janelas do aposento estão vedadas. Solitária nesta madrugada quente de janeiro de 1905, não tem Júlio por perto para orientá-la sobre como proceder neste momento mais crucial de sua vida, a não ser por algo escrito nas cartas. Em uma delas, ao descrever a angústia por uma breve separação, ele escreveu:

> *Esse pobre músculo – que se chama coração – parece não viver. Dir-se-ia que o levaste contigo. É assim o tédio negro da ausência. Ausentando-te parece que foi-se também contigo também a própria vida, e que só sinto o vácuo em torno de mim, porque busco-te com o olhar e não te vejo mais. Com mais expressão te direi, como o poeta meu amigo:*
> *"Sem ti, a vida é a morte.*
> *O mundo-cárcer fechado..."*

Ela espia o carvão em brasa do fogareiro expelir uma névoa quase imperceptível, enquanto seu corpo é tomado por uma sonolência vertiginosa, como se lentamente estivesse caindo no infinito.

"Sem ti, a vida é a morte."

Cada palavra parece ter sido escrita para ela como uma premonição do momento em que se encontra, quando sua vida se esvai em uma saudade não momentânea, como a que inspirou a carta do marido, mas eterna e inapelável como a morte.

"O mundo-cárcer fechado..."

A cabeça balança em círculos, os sentidos suavemente se desfalecem e o olhar entorpecido distingue no vapor fumacento que emana do fogareiro e se espalha pelo quarto, como imagem derradeira, um tênue esboço das feições de seu amado Júlio.

A mão trêmula desliga a lamparina, as costas acomodam-se no espaldar da poltrona e Honorina mergulha no tédio negro da ausência.

A MAIS INSÓLITA DE TODAS AS FUGAS

NOVEMBRO DE 1956

É uma noite clara, fria e ventosa. Os detentos da Ilha do Presídio já se recolheram às suas celas, com exceção de dois. Júlio de Castilhos Pettinelli e Ettore Capri permanecem na cozinha, fazendo a limpeza das dezenas de pratos, panelas e talheres utilizados durante a janta. Prolongam a tarefa muito além do tempo necessário, até que tudo se aquiete. Quando só resta o ruído da vegetação sacudida pelo vento e das ondas do Guaíba de encontro ao pequeno atracadouro, Júlio olha para Ettore.

– É agora!

Recolhem os dois maiores panelões e algumas colheres de pau e rumam para a margem oposta ao atracadouro, esgueirando-se entre os pedregulhos, arbustos, cactos e corticeiras. Alcançam o ponto desejado, ao lado de uma pedra gigantesca que os protege da visão das guaritas. Ali, encontraram dois pedaços de tábua, uma folha de cortiça e cordas, que haviam escondido antecipadamente.

A operação é complicada. Eles devem amarrar as tábuas revestidas de cortiça nas alças dos panelões, construindo assim uma pequena barcaça na qual pretendem fugir da ilha. Os nós devem ser apertados ao extremo, caso contrário, os panelões se soltarão, o que significará um fim trágico para sua aventura. A construção do "barco" dura quase uma hora.

– Tem certeza de que funciona? – pergunta Ettore.

– Na teoria, é pra funcionar. Vamos ver na prática.

As condições são desfavoráveis. A orientação do vento os obrigará a tomar o rumo do município de Guaíba e não da Capital, como pretendiam.

Antes de colocarem a geringonça na água, Ettore fraqueja:

– Acho que vou desistir.

– Agora? – exclama Júlio.

– Está muito ventoso. Se essa coisa desmanchar, estou morto. Não sei nadar.

– Tu é que sabes – diz Júlio.

Quando vê Júlio se afastar da margem a bordo da improvisada embarcação, Ettore grita:

– Tá bem, tá bem. Eu vou junto.

SETEMBRO DE 1947

Júlio Pettinelli tinha apenas 19 anos quando o mandaram para o inferno. Órfão de mãe, começou a praticar pequenos furtos na adolescência. No dia 3 de setembro de 1947, acusado de furto, ele foi recolhido à Casa de Correção, a masmorra construída junto à ponta da península em meados do século 19 para abrigar 300 detentos. A superlotação, a deterioração das instalações, a violência e a corrupção tornaram o *Cadeião* um cenário de episódios arrepiantes. Júlio passou a vivenciar uma rotina de vícios, tóxicos, torturas, assassinatos e estupros.

Ele logo percebeu que o *Cadeião* era como um vulcão pronto para entrar em erupção a qualquer momento. Ele residia no pavilhão dos menores, as principais vítimas daquele cotidiano cruel. Os meninos eram estuprados e espancados por presos adultos, ante a omissão dos guardas. Os "agentes da lei" vendiam maconha, cachaça e álcool puro aos detentos, e permitiam a "propriedade" de garotos por assassinos perigosos que dominavam o ambiente, atemorizando os demais e subornando os funcionários.

Na primeira tentativa de estupro, por parte de um sujeito de apelido *Maricão*, Júlio reagiu e, por isso, levou um soco no olho. Antes de um novo ataque, decidiu processar o agressor, o que serviu como uma espécie de salvo-conduto. Desde então, não mais lhe importunaram.

Aquela engrenagem de moer gente só cessava na presença do padre Pio Beck, capelão do presídio. Diante dele, até os criminosos mais vis baixavam a cabeça. Além de prestar conforto espiritual e amenizar conflitos entre os detentos, o velho padre perambulava pelos gabinetes oficiais no vão esforço de denunciar as condições sub-humanas existentes do interior da masmorra.

X

As luzes dos holofotes das guaritas dançam sobre as ondulações do Guaíba, enquanto, lentamente, o bote improvisado se afasta da ilha. Com alguma dificuldade, Ettore se mantém equilibrado sobre a tábua, enquanto Júlio procura assegurar que os nós que a prendem aos panelões não se desmanchem com o fustigar das águas.

Percebem, então, que o vento não os levará para a margem de Guaíba e sim os empurra para o Sul, na direção da Lagoa dos Patos. Serão horas de viagem a esmo, sem nenhuma condição de atingirem a margem. Júlio sabe que o bote logo irá se desmanchar diante da fúria dos ventos e das águas.

Ettore fatalmente sucumbirá e ele, mesmo sendo um bom nadador, não terá força e fôlego suficientes para alcançar a terra segura. Olha para trás e consegue, na claridade da noite, vislumbrar a ilha e seus holofotes, cada vez mais longe. Começa a sentir um mal-estar. O plano de fuga no qual estão empenhados é uma insanidade que irá cobrar de ambos um preço extremo: suas vidas.

JUNHO DE 1953

Perfilados no pátio da Casa de Correção com seus uniformes de listas desbotadas, os detentos respondem à chamada diária. Quando o guarda encarregado pronuncia o nome de Júlio de Castilhos Pettinelli, faz-se o silêncio. Ele repete mais duas vezes, sem resposta. Além dele, outros dois presos não responderam à chamada. O guarda leva o fato ao conhecimento do tenente Arizoli Alves de Vargas, comandante da guarda do Presídio.

Uma rápida investigação apura que, na noite anterior, Júlio e seus parceiros içaram uma corda do pátio interno até a murada junto à Usina da Companhia de Energia Elétrica. Mas, para isso, precisariam de ajuda. Pressionado, o sentinela Duarte Cardoso Fraga confessa que amarrou nos ferros da platibanda do muro a corda que os presos lhe jogaram. De lá, os fugitivos lançaram a corda para a rua e escaparam.

Ele confere o prontuário de Júlio. Com esta, são cinco fugas, três do então inexpugnável *Cadeião*, mais duas da Colônia Penal Agrícola. Em todas as vezes, voltou a roubar e foi recapturado. Na última prisão, feriu um dos agentes, o que deverá aumentar significativamente sua pena.

ABRIL DE 1955

O delegado Renato Souza organiza uma visita de autoridades e jornalistas credenciados junto à Polícia Civil ao futuro presídio da Ilha das Pedras Brancas, situada no meio do caminho entre Porto Alegre e o município de Guaíba. Ele próprio concebeu a nova cadeia para desafogar as celas das delegacias distritais e abrigar detentos que aguardam o pronunciamento da Justiça. Na ilha rochosa de 120 metros por 60 de largura, as instalações do antigo laboratório de vacinas contra febre aftosa foram transformadas em prisão, com dez celas para oito presos cada uma e um pavilhão coletivo. No total, a nova cadeia poderá receber cerca de 200 presos.

No lado norte da ilha, foi construída uma guarita sobre as maiores pedras com visão para todo o entorno, somando-se à outra já existente no lado sul. Ambas são equipadas com radiotransmissores e holofotes possantes que proporcionam uma boa luminosidade sobre as águas do Guaíba, à noite.

Os jornalistas querem saber do delegado sobre a possibilidade de fugas.

– Nenhuma – ele responde. – Na construção dos pavilhões tivemos o auxílio de seis detentos da Penitenciária Industrial. Certa vez, dois deles tentaram escapar usando uma jangada rudimentar. Não conseguiram vencer nem trinta metros e por pouco não morreram afogados. A menor distância até a margem mais próxima é de quase três quilômetros. Somente com muita coragem o fugitivo poderia alcançá-la.

)(

A embarcação ingressa em uma área aberta do Guaíba, na qual o vento vem direto da foz de Itapuã, sem as barreiras dos morros situados às margens, erguendo ondas de mais de dois metros de altura. Açoitados pela ventania e pela água que espirra do contato com o barco, Júlio e Ettore buscam se manter em um equilíbrio precário.

Sua tentativa é redirecionar o barco para as margens, mas o vento se mostra impiedoso. Júlio atira-se na água e tenta nadar com um dos braços e puxar a embarcação com o outro. Ettore se mantém agachado sobre as tábuas e tenta remar com as colheres de pau.

Seus uniformes gastos começam a desfiar, fustigados pelo vigor das águas. Já perderam a noção do tempo que estão ali à mercê do vento e das ondas. Ettore permanece deitado sobre a base da madeira, exausto de tanto remar. Júlio boia agarrado a uma das alças do panelão. O frio enrijece seus braços e anestesia suas pernas.

– Dessa não escapamos – ele diz a Ettore e percebe que o parceiro perdeu os sentidos.

O vento ameniza. Por trás dos morros de Porto Alegre, Júlio enxerga um suave clarão que anuncia o amanhecer. Volta-se para o outro lado e vê algo inacreditável. A vegetação da margem está próxima, não mais de cinquenta metros. Júlio reúne suas últimas forças e tenta algumas braçadas até que seus pés sentem o leito do Guaíba.

NOVEMBRO DE 1954

No final da tarde de domingo, logo após o horário de visitação, um vigoroso incêndio irrompeu na tenebrosa Casa de Correção. Quando Júlio percebeu, os presos já corriam pelo pátio, enquanto as labaredas tomavam conta das galerias. De dentro e fora do prédio, bombeiros tentavam apagar o fogo que se alastrava pelo vento. Um numeroso batalhão de policiais armados de fuzis e metralhadoras invadiu o prédio e encurralou os detentos em um dos cantos, próximo às chamas. A ordem era impedir a qualquer custo que eles chegassem à rouparia, onde poderiam trocar de roupa e se misturar à multidão.

Em meio à gritaria e às ameaças, o padre Pio Beck venceu a barreira dos policiais e juntou-se aos presos acuados. Júlio sabia. Um grupo de presidiários provocou o incêndio para criar condições de uma fuga em massa. Se o plano desse certo, mais de mil apenados estariam soltos, incluindo os mais perigosos.

Quando os bombeiros conseguiram debelar o fogo, as autoridades garantiram que ninguém morreu e nenhum preso escapou. De qualquer forma, o incêndio sacramentou o fim de uma era de vilanias e infâmia representadas pelo antigo *Cadeião*. Os detentos foram enviados, então, à Colônia Penal Agrícola, causando um grave problema de superlotação, ou espalhados pelas celas das delegacias distritais. Júlio foi enviado com o grupo dos mais perigosos para a Ilha do Presídio, não pela gravidade dos seus crimes, mas por seu avantajado histórico de fugas.

Para quem vivia na escuridão do castelo de horrores, a transferência para um lugar a céu aberto, rodeado pelas águas do Guaíba, parecia a possibilidade de cumprir o resto da pena sem sobressaltos. No entanto, a vida no novo Presídio revelou-se tão dramática e cruel como a dos tempos do *Cadeião*. Amontoados no pavilhão do xadrez, os presos compartilhavam piolhos, mosquitos e doenças, sofriam espancamentos diários por qualquer motivo. O belo recanto, onde fora idealizada uma prisão para receber presos em fase de inquérito, ganhava o apelido de "ilha da morte lenta".

Pela primeira vez, Júlio pensou em suicídio.

)(

Júlio e Ettore repousam nos matagais próximos e despertam com dia claro. Junto a um casebre, roubam roupas estendidas no varal e seguem percorrendo a orla, tentando descobrir uma forma de chegar a Porto Alegre. Deparam-se com uma obra junto à margem, onde há uma pequena lancha a motor estacionada. Júlio vale-se de sua lábia para iludir o capataz. Diz que são pescadores e necessitam resgatar seu barco que havia emborcado no rio.

A bordo da lancha Floresta, *eles costeiam a área central do município de Guaíba e rumam céleres em direção a Porto Alegre. À altura do Armazém C1 do Cais central, os aguarda uma lancha repleta de policiais armados. A fuga mais inusitada da história de Porto Alegre chega ao final, mas não seria a última de Júlio de Castilhos Pettinelli.*

EPÍLOGO

Em agosto de 1959, quando cumpria pena no novo Presídio Central, ele conseguiu permissão para participar de um almoço de aniversário de seu pai, na Avenida Borges de Medeiros, valendo-se de várias menções de louvor por bom comportamento. Ao se aproximar do prédio, ele aproveitou o movimento intenso na avenida para despistar os dois agentes encarregados de sua escolta.

Júlio viajou para o Rio de Janeiro, onde vivia uma irmã. Sem condições de conseguir emprego, voltou a roubar, sendo preso pela Polícia fluminense. Em carta à coluna "Lei dos Homens", da *Última Hora*, denunciou o tráfico de drogas no Presídio Policial Lemos de Brito. "E o pior de tudo é que quem introduz a maconha são os próprios policiais, os mesmos que prendem e espancam quem encontram fumando maconha que não é traficada por eles."

Em represália, o transferiram para a Ilha Grande, reduto dos mais perigosos bandidos do Rio de Janeiro. Ali, já não tinha ilusões quanto à vida. Os novos processos aumentariam significativamente a sua pena e ele ficaria ainda um bom tempo enjaulado. A única trégua no inferno que estava metido era poder passar os domingos tomando sol na praia da Ilha e olhando a imensidão do mar.

Ficou amigo de seu companheiro de beliche, um sujeito chamado Edson. Quando chegou a informação de que Júlio seria transferido para Porto Alegre, onde ainda tinha pena a cumprir, Edson lhe disse:

– Deixa eu lhe mostrar uma coisa.

Exibiu uma fotografia de uma moça bonita e jovem. Seu nome era Flávia e trabalhava como balconista da loja "Elegância Modas", no Centro de Porto Alegre, e costumava se corresponder com presos para prestar-lhes conforto e

esperança. Edson disse que gostaria de ter uma chance com ela, porém isso seria impossível porque tinha uma longa pena a cumprir. E entregou-lhe a foto.
– Por que você não a procura?
Júlio viajou a Porto Alegre custodiado pelo próprio irmão policial. Desta vez, não pensou em fugir. Só pediu a ele que, antes de ser levado à prisão, pudesse ver uma pessoa. Vestiu um terno de linho emprestado e dirigiu-se à loja "Elegância Modas", com o coração aos pulos. Reconheceu Flávia entre as atendentes e apresentou-se a ela como amigo de seu correspondente da Ilha Grande. Perguntou se poderia esperá-la ao final do expediente.

Da pena inicial de dois anos por furto leve, Júlio de Castilhos Pettinelli cumpriu um total de 28 anos de prisão. Ainda estava preso quando casou com Flávia e nasceram seus três filhos. Solto, penou um longo tempo até conseguir seu primeiro emprego de carteira assinada na loja de materiais de construção Ferraço, com quase 60 anos de idade.

LIBERDADE PARA AS BORBOLETAS

Elas chamam-se Emilienne Mayeu, Victorine Jondelat, Rosita Nuñez, Georgette Ferreau, Lisette Loulou, Fanny Mocka e outros nomes deste tipo, mas também existem algumas Maria Luiza de Souza, Dorotea Silva e Elvira Monteiro. O advogado Mario Cinco Paus conhece a maioria delas, pois são suas vizinhas na Rua Marechal Floriano. As mulheres irromperam em seu escritório trazendo um assunto grave que coloca em risco o bom desempenho de suas atividades. Ele tem dificuldades para fazer com que falem uma de cada vez.

A francesa Emilienne explica. Ante o clamor público açulado por uma campanha jornalística para exigir das autoridades maior rigor em relação ao jogo do bicho e ao lenocínio, o subintendente do 1º Distrito, João Pompílio de Almeida Filho, investido de paladino da moral e dos bons costumes, resolveu agir. Em sua área de jurisdição, determinou que as meretrizes mantenham-se em suas casas e conservem as portas fechadas até às 23 horas. A portaria as proíbe de se assomarem às janelas ou acenderem focos de luz de dentro das suas próprias residências. Não poderão sequer permanecer sentadas em suas salas de estar, com a porta entreaberta. Em resumo: não deverão ser vistas pelos transeuntes; caso contrário, serão presas.

– Só falta *dizerr* que não podemos mais *abrrir* as *perrnas* – exclama Emilienne, com sotaque francês, para a gargalhada geral.

Enquanto as visitantes desabafam, Mario se distrai com o *Correio do Povo* aberto sobre a mesa, com um anúncio em destaque da sensacional estreia anunciada para o Cine Central, no próximo fim de semana. O filme chama-se *Sua Majestade, a Mulher* e reúne os astros do momento, Olive Borden e George O'Brien. O texto da propaganda soa como ironia perante a situação na qual Mario está envolvido: "*Com um sorriso tentador e uma* toilette *elegante, a mulher domina, absoluta, o coração rebelde de seu maior vassalo, o homem*".

A vigorar as proibições arroladas na portaria baixada pela Subintendência, nenhuma das mulheres tem dúvidas de que seus efeitos representarão um baque em seus negócios. Elas formulam esse temor das mais diversas maneiras e entonações, temperadas com crises de choro e dramas pessoais.

Mario escuta em silêncio. Há cinco anos, ele trocou a condição de melhor repórter da cidade, construída através de uma sólida trajetória nos jornais *A Federação*, *O Diário* e *A Noite*, pela profissão de advogado, que exerce sem ter frequentado a Faculdade de Direito, aproveitando-se da liberdade profissional garantida pela Constituição positivista. Neste período, a demanda das vizinhas prostitutas é o caso mais insólito com o qual se deparou.

Quando vão murchando os desabafos, as visitantes passam a aguardar do vizinho advogado alguma palavra de alento.

– Vamos tomar providências. Voltem daqui a três dias.

Com algum trabalho, ele consegue dispersar as mulheres de seu escritório, na subida da Rua General Câmara. Olha o relógio de parede atrás de si. Faltam alguns minutos para o meio-dia e, com alguma sorte, ele conseguirá encontrar o doutor Pompílio na Chefatura, onde funciona a Subintendência do 1º Distrito.

Mario veste o paletó e desce a ladeira. Na esquina onde se encontram a Confeitaria Central, dos irmãos Medeiros, o Edifício Chaves Barcellos e o Café Colombo, ele dobra à esquerda e avança através da Praça da Alfândega até a Rua Sete de Setembro. As pernas longas ajudam a abreviar o trajeto.

Da porta de seu gabinete, o delegado Pompílio abre os braços e um sorriso para o visitante sentado no sofá da antessala.

– Mario Cinco Paus, causídico dos fracos e oprimidos. O que o traz a esta modesta repartição?

– Justamente a causa dos fracos e oprimidos.

– Vamos entrar. E em qual das causas o amigo está envolvido?

– No momento, os direitos de algumas vizinhas da Rua Marechal Floriano.

O delegado desdenha:

– Esperava uma causa mais nobre.

– Qualquer causa é nobre desde que afirme a Lei e o Direito.

– O amigo há de convir que existe uma pressão da

sociedade no sentido de coibir o crime e a contravenção que crescem de forma descontrolada. Essa pressão exige de nós, responsáveis pela ordem pública, medidas severas.

– Na maioria dos casos, a prostituição não é crime, apenas um modo de sobreviver.

– Convenhamos, Mario. Quem dá importância a essas infelizes?

– Eu conheço vários – os dois riem. – A pressão vem da imprensa, não do povo. Sei como funciona, já fui jornalista. Por mais digna de aplausos que seja sua campanha, doutor Pompílio, ela representa um abuso de autoridade e uma perseguição a estas moças já decaídas e sem normas reguladoras que as ampare. Por isso, respeitosamente, vim sugerir ao nobre delegado a revogação desta portaria.

– E por que eu faria isso?

– Em primeiro lugar, porque é inconstitucional e eu pretendo questioná-la na Justiça. Não existem no Brasil leis reguladoras ou repressivas sobre a atividade específica do meretrício.

– Ora, amigo Mario. Convenhamos. A atividade dessas moças não chega a ser edificante.

– Aí está o problema. O vácuo legal delega a tarefa de lidar com essas questões ao arbítrio das autoridades policiais, conforme opiniões genéricas ou pessoais de defesa dos bons costumes e da moralidade, como parece ser o caso. No entanto, medidas desta natureza não têm força de lei.

O delegado Pompílio começa a se impacientar.

– Engana-se. Minha portaria é baseada no Regulamento do Serviço Policial do Distrito Federal, que prevê ações de repressão ao lenocínio na defesa da ordem pública.

– Conheço o Regulamento, mas ele se restringe ao Rio de Janeiro. Ao contrário deste modesto rábula, o senhor frequentou a Faculdade de Direito, portanto, sabe melhor do que eu: a nossa Constituição proíbe qualquer tipo de interpretação por analogia. E outra coisa: sua portaria limita-se a sua área de circunscrição, ou seja, o 1º Distrito. Existe aí uma flagrante incoerência. A medida afeta o princípio de que todos são iguais perante a lei. Porventura, a moral do 1º Distrito é diferente da moral das outras circunscrições? O que é considerado ofensivo ao decoro e à honra das famílias do 1º Distrito não é considerado ofensivo às famílias dos outros distritos?

– Certamente, a Intendência tratará de fazê-la vigorar nos outros distritos.

– Ainda assim, não terá força de lei. O senhor não pode impedir a atividade das moças, então baixa uma portaria para que elas não apareçam publicamente. Não sendo vistas, o problema deixaria de existir.

A esta altura, o subintendente está visivelmente irritado.

– O seu pedido é impertinente. Ainda que possa ter uma réstia de fundamento, por que os juízes acolheriam a demanda das prostitutas em lugar de contemplar a moral das boas famílias moradoras nas cercanias do meretrício e diariamente ofendidas pela desenvoltura pecaminosa dessas moças?

Mario Cinco Paus não se abala.

– Se minhas clientes promoverem algazarra, se agirem com deboche, se criarem constrangimentos morais, enfim, se ofenderem as leis dos bons costumes, que sejam processadas, presas e castigadas por isso. Mas ninguém pode ser punido senão em virtude da lei, com a pena nela prevista e da forma nela regulada.

O delegado Pompílio ergue-se da cadeira.

– Doutor Mario. Não há por que prosseguir nesta charla improdutiva. Seu pleito é inoportuno, quase insolente. Agora, me dê licença. Tenho muito trabalho a fazer na defesa dos nossos cidadãos.

— Somos dois.

À saída, o subintendente Pompílio ainda diz:

— O senhor não receia perder prestígio ao se envolver em uma causa como esta?

Mario sai frustrado da Chefatura. Vem à memória a história dos fariseus *kizai*, aqueles que, na ansiedade de evitar o olhar de uma mulher, arrojam seus rostos contra a parede, segundo a lenda judaica. Em sua cabeça, dançam os versos:

> *Como um kizai, minha senhora, eu passo*
> *De olhos fechados pela vossa frente*
> *Receio ver neste pequeno espaço*
> *Pairar em mim o vosso olhar ardente.*

Ele regressa à Rua General Câmara, mas, em vez de entrar no escritório, sobe mais duas quadras até o prédio do Tribunal de Justiça, irmão gêmeo do Theatro São Pedro. Enfia-se no arquivo em busca de algo que pudesse lhe ajudar. Passam-se horas sem que encontre algo com um mínimo de relação com a portaria do doutor Pompílio.

Finalmente, ao cair da tarde, depara-se com um caso ocorrido alguns anos atrás, em Manaus. O Chefe de Polícia local determinara que as meretrizes se mudassem das casas onde moravam em áreas nas quais residiam famílias para outros locais indicados por ele próprio, sob pena de serem presas. Essa atitude motivou um *habeas corpus* das mulheres ameaçadas, posteriormente acolhido pela Justiça. Mesmo não sendo uma situação similar, a sentença do juiz amazonense fornece o estofo jurídico de que Mario necessita.

Durante três dias, trabalha na elaboração do *habeas corpus*, auxiliado por seu sócio Alberto Gigante. Ao final, Mario chama as "vizinhas" para a leitura da petição que elas deverão assinar – algumas com a impressão do dedo polegar. A pequena sala está repleta. Não há acomodação para todas, de forma que elas sentam-se umas no colo das outras nas duas poltronas e no sofá de três lugares à frente da escrivaninha do advogado. Quando cessa a balbúrdia, ele começa a ler:

– "As impetrantes deixam, desde já, acentuado positivamente o seu ponto de vista porque, com este *habeas corpus*"...

– *Habeas corpus*! Mas não *preenderram* ninguém – diz a francesa Emilienne, uma espécie de líder do grupo.

– Ainda não – observa outra.

– *Habeas corpus* não é só pra tirar gente da cadeia – explica Mario. – Pode ser usado também para suspender medidas inconstitucionais, como neste caso. Posso continuar lendo?

Mario olha para elas e obtém a concordância através de efusivos movimentos com a cabeça. Começa então a tratar do episódio de Manaus.

– O que isso tem a ver conosco? – uma delas pergunta.

– É uma jurisprudência.

As mulheres se olham. Mario percebe que elas não conhecem o termo.

– É um caso parecido que pode nos ajudar.

– Mas o delegado não mandou a gente se mudar.

– Os juízes vão entender, eu garanto, a semelhança entre as duas situações. Na leitura da decisão do juiz de Manaus, aparece o trecho: "a prostituição ou meretrício não se confunde com a corrupção e dissolução ou desregramento

dos costumes; caracteriza-se pelo comércio do corpo publicamente e sem escolha, pela liberdade de acesso promíscuo mediante paga".
– Isso é a *nosso* favor?
– Calma – responde Mario e prossegue a leitura.
– "Considerando que, quando fosse lícito à Polícia providenciar contra o meretrício de forma diversa ao estabelecido nas leis penais da República, com ou sem prejuízo das ações das autoridades judiciárias, nem a portaria em questão por isso deixaria de estar eivada de ilegalidade e abuso de poder".
Mario, enfim, chega ao *grand finale:*
– "As pacientes querem, podem e devem livremente locomoverem-se; querem entrar e sair de suas casas; querem se debruçar às janelas; querem sentar-se à frente das portas entreabertas; querem, enfim, gozar da liberdade de se locomoverem, de se exporem dentro de suas próprias casas, nelas entrando e saindo sempre que lhes aprouver, sem limitação, respeitadas, sempre, já se vê, as normas da verdadeira e legítima moralidade, sem ofensas à honra e ao decoro das famílias que lhes ficam vizinhas".
O último trecho é saudado com palmas e "vivas". Algumas mulheres abraçam e beijam o advogado. Para elas, na reclamação de seus direitos, as últimas frases recompõem os resquícios de dignidade, vilipendiados pela portaria do subintendente.
À saída, algumas perguntam:
– Temos chance?
– Veremos.
Nos primeiros dias de março de 1928, o egrégio Superior Tribunal acolhe o *habeas corpus* assinado pelos advogados Mario Cinco Paus e Alberto Gigante, em favor de 32 prostitutas residentes à Rua Marechal Floriano. A juris-

prudência firmada irá inibir qualquer tentativa semelhante de restringir a atividade das prostitutas em Porto Alegre.

No Brasil, mais de 80 anos depois, o projeto de lei que regulamenta a atividade das profissionais do sexo ainda aguarda votação no Congresso Nacional.

Olinta Braga

Reprodução. Revista Fon Fon

A PAIXÃO DE ARAÚJO VIANNA

I.

Aos sábados, pelos janelões da casa de Olinta Braga escapam as luzes ofertadas pelos lustres da sala, irmanadas com as notas do piano e as cantorias, atraindo para ali os espíritos inquietos e as almas sedentas de música e poesia. E eles vão chegando e se acomodando nos sofás, nas poltronas, entre bidês e escrivaninhas, instrumentistas com seus violinos, poetas com seus livros debaixo do braço e amantes das artes com suas dúvidas e certezas para compartilharem "horas inesquecíveis", como escreveria mais tarde o escritor, cronista e dramaturgo Álvaro Moreyra, um dos *habitueés*. Nos *soireés*, ouviam Schumann e Chopin, encantavam-se com a descoberta de Debussy e travavam empolgadas contendas verbais sobre a Arte e a essência da vida.

De seleto grupo, eram assíduos, além de Moreyra, Felipe d'Oliveira, Homero Prates, Murilo de Carvalho, Beletta e Andino Abreu, o jovem poeta Eduardo Guimaraens, quase um menino, mas já apaixonado pela sobrinha da dona da casa. "Éramos ruidosos, comentávamos, discutíamos. Súbito, tudo silenciava, e Olinta Braga, porque nos sabia profundamente sentimentais, clamava de sua parte um Jules Massenet, e nós concordávamos que Massenet era estupendo, enquanto a voz macia da soprano lírica ondulava aos ritmos de *Penseé d'Automne* ou mais sugestivamente atacava o suave monólogo *Voyons, Manon, plus de chiméres...*"

Ao piano, fulgurava José de Araújo Vianna, o *Juca*, já, na época, o maior nome da música da cidade e vivendo um intenso caso de amor com a anfitriã. *Juca* era alto, magro, bonito e gentil. Sua aparente timidez se desfazia quando estava entre os amigos. Então, revelava-se falante e piadista. Olinta era pequena, levemente arredondada, graciosa e ativa. Naqueles saraus de música e descobertas, o maestro e a cantora vivenciavam um profundo amor mútuo, compartilhavam uma obsessão pelo perfeccionismo e iniciavam um sólido projeto de vida que realizariam enquanto foi possível.

II.

Na primeira década do século 20, Porto Alegre vivenciou a sua *Belle Èpoque*. A presença do arquiteto alemão Theodor Wiederspanh imprimia à paisagem um aspecto europeu, que encontrava correspondência no surgimento de livrarias, na proliferação dos cafés e na chegada do cinematógrafo. Uma brilhante e inquieta geração de jovens escritores florescia na cidade. Era o grupo da Praça da Harmonia: Álvaro Moreyra, Dyonélio Machado, Marcelo Gama, Eduardo Guimaraens, Alceu Wamosy, Homero Prates, Jacinto Godoy, Felipe de Oliveira, De Souza Junior, quase todos *habitueés* dos saraus de Olinta Braga.

A trilha sonora destas rápidas transformações vinha das companhias líricas europeias, que incluíam Porto Alegre em seus roteiros sul-americanos, mas também das sociedades musicais que proliferavam pela cidade, com destaque para o Clube Haydn, fundado em 1897 por um grupo de intelectuais, do qual Araújo Vianna fazia parte, liderados pelo médico e agitador cultural Olímpio Olintho de Oliveira. Com uma orquestra de 40 músicos, o clube realizava concertos mensais para divulgar o gosto pela música. Em um deles, a jovem Olinta Braga, então uma aspirante a cantora, faria sua estreia pública.

Olinta nasceu em Santana do Livramento, no dia 7 de janeiro de 1877, filha do tabelião local, coronel Joaquim Rodrigues Braga, e de Etelvina do Nascimento Braga. Ainda adolescente, mudou-se para a capital, para estudar, e instalou-se na casa da irmã Ottilia. Já possuía pendores musicais, incentivados pelo irmão Othon, tenente do Exército e exímio violinista. É provável que ela e Araújo Vianna

Araújo Vianna

Reprodução. Livro *Araújo Vianna – Vida e Obra*

tenham se visto pela primeira vez no Clube Haydn. Porém, na época, ele só tinha olhos para a exuberante cantora e harpista italiana Isolina Santori, que trouxe da Europa, ao concluir seus estudos em Milão e Paris.

Filho temporão do bem-sucedido comerciante português João de Araújo Vianna, *Juca* nasceu em 10 de fevereiro de 1871 e cresceu em um ambiente musical por parte da família de sua mãe, Maria José Felizardo Vianna. Não havia um Felizardo que não declamasse, escrevesse ou tocasse algum instrumento. *Juca* aprendeu piano no colo do irmão Pedro, 18 anos mais velho do que ele e já pianista destacado na cidade. Pedro ensinou-lhe o som das teclas e as primeiras noções de harmonia, que *Juca* iria aperfeiçoar com Thomaz Legori, o mais requisitado professor de piano de Porto Alegre. Com apenas 12 anos, surpreendeu o pai ao pedir que lhe enviassem à Itália para estudar música. João riu com a condescendência adequada para o momento. Passou-lhe a mão na cabeça e prometeu que atenderia ao pedido quando o filho tivesse idade para viajar sozinho.

Aos 17 anos, o rapaz prodígio realizou sua primeira audiência pública, durante um concerto da Sociedade Filarmônica de Porto Alegre, acompanhado pelo irmão e pelos parentes da família Felizardo, incluindo o violinista Murilo Furtado, filho de uma prima de sua mãe, e que se tornaria seu grande amigo.

O velho João não viveu para cumprir a promessa feita ao filho. Faleceu em 1890, aos 76 anos, mas deixou a família em situação financeira confortável, graças aos aluguéis de prédios que adquiriu com os negócios comerciais. A mãe também possuía boas rendas de sua família e pôde, enfim, atender ao desejo do rapaz.

Aos 22 anos, *Juca* partia para a Itália e ingressava no grande mundo das Artes. Matriculado no Conservatório de

Milão, recebeu lições de mestres, como Buzzi-Peccia, Amintori Galli e Vincenzo Ferroni, durante dois anos. Nas folgas, embriagou-se das óperas, da pintura dos mestres italianos, que passou a conhecer nos museus, nas galerias de arte e nos teatros. Tudo o que ele sabia por informações distantes estava diante dele, ao alcance de seus olhos e ouvidos, tocando profundamente a sua alma sensível.

Ao concluir o curso, *Juca* decidiu passar um ano em Paris. Levou com ele a linda e talentosa Isolina Santori, filha da dona da pensão onde morou, exímia harpista e cantora de voz clara e suave, por quem se apaixonara perdidamente. Em Paris, os dois vivenciaram sua desenfreada paixão, ilustrada pelas obras dos compositores franceses, e pelas páginas deslumbrantes de Balzac, Flaubert, Stendhal, Anatole France e Victor Hugo.

Após três anos de estudos e intensa vivência cultural, José retornou à cidade natal com a namorada Isolina, já grávida. O menino Eugênio nasceu em 1896. Araújo Vianna o reconheceria como filho, mas nunca chegou a casar com a mãe. Logo, a paixão que parecia arrebatadora arrefeceu. Ela mudou-se para o Rio de Janeiro levando o menino. Na então capital federal, chegou a fazer algum sucesso como concertista e professora de harpa, até sua morte prematura, em 1906.

Juca viajava regularmente ao Rio de Janeiro, onde possuía um seleto grupo de amigos, e a Buenos Aires, de onde trazia as novidades musicais e literárias. Quando algum artista visitava Porto Alegre, ele se prontificava a apresentá-la, começando pelo Bazar Musical, onde encontrava seus amigos músicos e sempre havia um piano para quem se dispusesse a tocá-lo. O *tour* terminava no Café América, "o ponto melhor da Rua dos Andradas e onde se reúnem advogados, médicos, comerciantes, poetas literatos, noticiaristas, boêmios, inteligentes e extravagantes e do melhor que possui o nosso meio social, aos domingos é visitado pela simpática rapaziada caixeiral, sempre correta e unida, que, elegantemente vestida, provoca olhares etéreos e cristalinos de criaturas meigas e tentadoras, felizes e sedutoras", segundo o jornal *O Independente*.

Araújo Vianna era reconhecidamente um virtuose ao piano. Seu amigo Olintho insistia para que ele se dedicasse ao instrumento, pois, certamente, teria carreira garantida como instrumentista. Ele, no entanto, estava mais interessado em compor. Na virada do século, já dispunha de uma produção musical considerável e de qualidade, a ponto de o presidente do Estado, Antônio Augusto Borges de Medeiros, encomendar pessoalmente a ele uma marcha para a histórica exposição de 1900.

Porto Alegre começava a se encantar pelas óperas. Companhias nacionais e estrangeiras encenavam no Theatro São Pedro as obras de Verdi, Puccini, Mascagni e Leoncavallo. Em cada esquina, havia gente assoviando as árias da *Tosca, Turandot, La Traviata*. Porém, a ópera entraria na vida de Araújo Vianna quase por acaso. Ele e seu inseparável amigo Murilo Furtado eram, então, considerados os principais compositores locais. A comparação entre suas obras era motivo de acaloradas discussões entre os adeptos de um e de outro nos saraus e cafés. Além da forte amizade, existia uma rivalidade discreta e estimulante entre *Juca* e Murilo que os impelia à busca da perfeição.

Quando se apresentou na cidade com a Companhia Lírica Ferrari, o cantor italiano Arturo Evangelisti apresentou a Murilo um libreto de sua autoria que pretendia ver musicado. Chamava-se *Sandro* e seria uma espécie de continuação da clássica *Cavalleria Rusticana*, de Pietro Mascagni, inclusive com os mesmos personagens. Murilo aceitou a empreitada.

Ao tomar conhecimento do projeto do amigo, Araújo Vianna sentiu-se desafiado. Se Murilo estava compondo uma ópera, ele também escreveria a sua. Escolheu uma história de amor e morte escrita por um amigo, o poeta cearense Leopoldo Brígido, e encomendou a versão italiana ao pintor, desenhista, poeta e pianista Ettore Malagutti. Durante todo o ano de 1901, ele suspendeu as viagens e dedicou-se exclusivamente a musicar o poema *Carmela*.

A notícia de que Araújo Vianna e Murilo Furtado estariam compondo óperas criou uma expectativa na cidade. *Sandro* e *Carmela* estrearam com menos de um mês de diferença, montadas pela mesma companhia, do cantor italiano Pietro Ferrari. Por ter sido apresentada antes, no dia 24 de setembro de 1902, *Sandro* obteve a primazia de ser a primeira ópera composta e encenada de um compositor gaúcho. O sucesso do espetáculo provocou uma excitação no público em relação a *Carmela*. Estaria a ópera de Araújo Vianna à altura do resultado obtido por *Sandro*?

Na noite de 17 de outubro de 1902, a plateia que lotou o Theatro São Pedro conheceria a aguardada ópera *Carmela*, ambientada em uma aldeia de pescadores próxima a Nápoles. Em vez de ficar no camarote da família, o compositor preferiu sentar-se a um canto da primeira fila e ali tentou controlar a ansiedade. A ópera iniciava-se com uma frase melódica e tristonha de oboé, sugerindo a carga emotiva da história a ser cantada. Em seguida, ecoava o coro dos barqueiros que aguardavam a chegada de um pequeno batel vindo da Ilha de Capri, trazendo Carmela e o pároco da aldeia.

Na história, os pescadores desdenham seu olhar de superioridade.

Par a d'una principessa
Certo a un duca solo aspira...

Um movimento brusco da orquestra atrai a atenção do público para a entrada em cena do pescador Renzo, interpretado pelo tenor Pietro Ferrari, dono da companhia que encena a ópera. Na trama, Renzo revela seu profundo amor por Carmela. No entanto, é repreendido pelo pároco, que lhe diz que é indigno do amor de Carmela. Renzo insiste que ela aceite seu amor, mas Carmela responde que em seu coração só cabe sofrimento desde a infância quando viu o pai bêbado bater na mãe.

A plateia saudou o prelúdio com intensidade, porém ainda de forma contida. A ópera ingressa, então, em sua fase mais dramática. O conflito atinge o auge quando o pescador Ruffo zomba dos sentimentos de Renzo, ao sugerir que a bela e recatada Carmela não fora indiferente aos seus galanteios.

Il bel viso chinó sovra il mio petto
E piu volte baciai!

A *barcarola* de Ruffo, magistralmente interpretada pelo barítono Giuseppe Zonzini, sacudiu o público do São Pedro, que interrompeu a encenação com aplausos e *vivas,* exigindo que Zonzini repetisse o número mais duas vezes. Araújo Vianna foi chamado ao proscênio. Com uma postura discreta e sensibilizada, recebeu uma salva de palmas estrepitosas e chuva de chapéus.

Na cena final, Renzo desafia Ruffo e é golpeado pelo rival. Mortalmente ferido, ele clama por Carmela, que é trazida à praia. Desesperada, ela implora por sua vida e revela que sempre o amou. Renzo, tomado de profunda alegria, morre nos braços da amada.

Ao encerrar-se o espetáculo, um aplauso uníssono tomou conta do teatro. Uma parte da plateia invadiu o palco para saudar os intérpretes e brindar Araújo Vianna com buquês de flores e presentes.

Os jornais enalteceram o espetáculo considerado "histórico". Escreveu *A Federação*: "Chamam especialmente a atenção, pelo seu colorido vivaz e sentimento verdadeiro, o terceto do Cura, Carmela e Renzo, o dueto dos últimos, a *reconté* de Carmela, em que o desenho orquestral reproduz com fidelidade os tons dramáticos da narrativa, a barcarola de Ruffo, muito cheia de suavidade, de uma melodia fresca e poética, e, por fim, o ensamble final, onde tumultuam as paixões dos personagens até a hora da morte, num crescendo empolgante, em que a orquestra desdobra-se majestosamente, reproduzindo o espanto do povo, a dor de Carmela e os restos da agonia do desafortunado Renzo".

O articulista do *Correio do Povo* observou: "Não lhe notamos a monotonia de timbres, tão peculiar aos que começam a grande e complicadíssima arte sinfônica. Os diversos quartetos orquestrais são tratados com independência, determinando a família e a índole dos seus efeitos; ou consorciam-se suavemente em combinações admiráveis e novas, que fazem crer ao espectador tratar-se de um velho conhecedor dos processos sinfônicos, habituado a manejar esse complexo bizarro e gigantesco – a orquestra! Os recitativos, que são invariavelmente os mesmos em todas as óperas, quando se trata de um compositor escrupuloso e original (que é o brio do artista), mereceram especialíssimo carinho de Araújo Vianna. Fê-los seus; muito seus. Não só destacando da uniformidade impecável de toda a partitura. Antes confundindo-os no arabesco multicolor da parte puramente sinfônica da ópera".

As mesmas manifestações calorosas da estreia repetiram-se nos quatro dias da temporada de *Carmela*. Na última apresentação, quando se preparava para ir ao teatro, *Juca* foi surpreendido por um numeroso grupo de estudantes diante de sua casa. Os animados jovens o conduziram de sua residência até o teatro, com banda musical, espocar de rojões e luzes de fogos de artifício. À entrada do teatro, o esperavam perfilados os músicos e atores da Companhia Lírica Ferrari com entusiásticas salvas de palmas.

À saída, após a esfuziante manifestação da plateia, os estudantes subiram ao palco, cobriram de flores o festejado compositor e o acompanharam de volta à sua residência.

A estrondosa receptividade de *Carmela* não deixou dúvidas. Mesmo entre os simpatizantes de Murilo Furtado, ficou a convicção de que *Carmela* venceu. A superioridade de sua obra seria atribuída aos estudos de Araújo Vianna na Europa, enquanto Murilo jamais saíra de Porto Alegre. Ao admitir que a ópera de seu grande amigo era melhor do que a sua, Murilo Furtado decidiu seguir, ainda que tardiamente, os passos de *Juca*. Acompanhado da esposa, a cantora Branca, matriculou-se no Conservatório Giuseppe Verdi, em Milão, onde ficou por dois anos.

Enquanto Araújo Vianna saboreava o gosto do sucesso, Olinta Braga tratava de se qualificar como cantora. Matriculara-se no Instituto Nacional de Música, nova nomenclatura do antigo Conservatório de Música do Rio de Janeiro. Durante dois anos, teve aulas com os melhores professores de música do país, os maestros Carlos de Carvalho e Louis Gilland, também cantores eruditos.

Como escreveria Álvaro Moreyra, ao traçar um perfil da amiga para a revista *Fon-Fon*, "ambos cultores da escola francesa, transmitiram à notável discípula os seus processos de emissão e impostação que, aprimorando sua voz extensa e maleável, lhe emprestaram mais tarde essas qualidades de rara cantora. A sua nítida intuição musical, o profundo esmero com que fez o curso e a inteligência com que soube compreender o mecanismo de Gilland e Carlos de Carvalho foram elementos essenciais para estabelecer sua definitiva individualidade artística".

Para a prova final, ela escolheu as árias *Una Voce Poco Fa*, da ópera *O Barbeiro de Sevilha*, do italiano Gioachino Rossini, e *Valsa da Sombra de Dinorah*, composta pelo alemão Jakob Mayerbeer. Seu desempenho conquistou os julgadores, que a aprovaram por unanimidade e lhe concederam a Medalha de Ouro do Instituto naquele ano de 1903.

Quando retornou a Porto Alegre, Olinta pôs à prova o talento aperfeiçoado no Instituto Nacional de Música com um concerto no Theatro São Pedro. Ela mesma encarregou-se da produção, contratou o teatro, escolheu os músicos e o repertório, fez a propaganda em visita aos jornais e, com isso, transformou sua estreia em um badalado acontecimento cultural. Na noite de 17 de março de 1904, subiu ao palco sob aplausos gerais. Olinta Braga abriu o espetáculo com a sonata *Della Figlia Del Paria*, da ópera *Lakmé*, de Leo Delibes, ainda pouco conhecida do grande público.

Ali, ela definia um perfil artístico não conformista, que logo dialogou com a inquietação dos jovens poetas que começavam a se salientar. Mais uma vez, é Álvaro Moreyra quem conta: "E porque a toda a criatura que, na calma provinciana da cidade, surgisse irradiando espírito, divinizados num orgulho pueril, nós procurávamos levar a solidariedade de nossa *attitude esthética* – quando Olinta Braga, estreando numa plateia encharcada de *Tosca* e *Trovador*, ousou abrir seu concerto com aquela área difícil de *Lakmé*, fomos deixar nosso aplauso coletivo, num rumor alvissareiro de entusiasmo, e desde então ficamos, além de leais admiradores, camaradas sinceros".

Ao finalizar o dificílimo trecho musical, recebeu da assistência "uma eloquente ovação em intensa e prolongada salva de palmas", como registrou o *Correio do Povo*. "Ao timbre agradável e sonoro da voz, extensão, facilidade em adaptar-se a todas as transições lia à dicção clara, inteligível e perfeita, não faltando o necessário colorido da interpretação".

A aspirante a cantora, que até ali restringia sua voz aos saraus familiares e concertos coletivos, transformava-se em uma diva. Em pouco tempo, já se referiam a ela como a principal cantora da cidade. Sua inquietação artística, sempre voltada a conhecer e propor coisas novas a um público acomodado, aliava-se a uma intensa vida social. Ministrava aulas particulares de canto, organizava concertos beneficentes, desfilava no bloco carnavalesco *Esmeralda*, fazia questão de cantar no principal evento religioso, a Festa do Divino, do qual era devota, e participava de atividades artísticas vinculadas ao Partido Republicano Rio-grandense. Quando o presidente da República, Afonso Penna, visitou o Rio Grande do Sul, foi ela a escolhida para cantar na recepção oficial.

Com seu espírito agregador, fez da casa em que morava com a irmã, já viúva de um oficial do Exército, um lugar de encontro de apreciadores da música e da arte.

Foi durante esses saraus dos sábados que Araújo Vianna entrou no repertório e na vida de Olinta.

III.

Um dos acompanhantes musicais mais frequentes de Olinta em seus concertos era o pianista Pedro de Araújo Vianna, irmão de *Juca*. Contudo, a aproximação entre o casal é atribuída a Olímpio Olintho de Oliveira, que teria convidado *Juca* para os saraus na casa de Ottilia Braga Barreto.

Após a frustração do romance com Isolina Santori, Araújo Vianna mantivera-se solteiro e impassível aos olhares das moças, que o viam como um bom partido. Seu mundo era, exclusivamente, a música, as viagens e os encontros descompromissados com os amigos. Sua meta imediata era ampliar os horizontes de *Carmela* para o Centro do país, o que quase aconteceu em 1903, quando a Companhia de Giuseppe Sanzoni chegou a anunciar sua montagem, no Rio de Janeiro. Poucas semanas antes da data, entretanto, Sanzoni admitiu a Araújo Vianna que sua empresa estava falida e que *Carmela* só seria encenada se o autor contribuísse financeiramente. Como ele não aceitou, o empresário anunciou que não poderia apresentar a ópera, alegando que faltavam partituras para alguns setores da orquestra.

Mesmo assim, José não desistiu. Organizou no Rio de Janeiro uma audição de *Carmela* para os críticos, com a partitura reduzida para o piano que ele próprio executou. O crítico do *Jornal do Comércio* empolgou-se: "Deliciou-nos de tal modo a inspiração que produziu melodias tão frescas e apaixonadas, por vezes de uma emoção tão sentida encantou-nos tanto uma barcarola louçã, em que se notam uns ligeiros laivos de melancolia, pareceu-nos tão bem tratada uma tarantela tão característico o *rigaudón*, tinha tanta poesia umas frases de Renzo, que reaparecem na partitura engenhosamente modificadas conforme o estado da alma do personagem. Tudo nos faz crer que valorizada pela orquestração, realçada pelas vozes, e ainda com o relevo da representação, essa partitura deverá agradar imensamente, quando realizada e integralizada teatralmente".

O exigente crítico Oscar Guanabarino, do jornal *O Paiz*, observou que "o sr. Araújo Vianna é muito moço ainda para ter uma individualidade artística, mas sabe e mostra estar familiarizado com a técnica musical. Mas não é esta a sua preocupação musical quando escreve e sim deixar seguir o voo de sua imaginação. Inspirando-se melancolicamente e quase sem os ímpetos arrebatadores de todos os poetas músicos. Que procuram na melodia a tradução de seus sentimentos. Traz o defeito da insistência no canto triste, a ponto de ser melancólico mesmo nos *allegros*, fato esse que se prende ao estado de espírito do compositor e que só se corrige com as modificações do próprio espírito".

IV.

Nos saraus de sábado, segundo seu biógrafo J.C. Cavalheiro Lima, "Araújo executava de preferência, sonatas de Beethoven, baladas e polonesas de Chopin, o poema *São Francisco sobre as Ondas,* de Liszt, e acompanhava Olinta em composições de sua autoria, ou em páginas de Debussy, Duparc, Chausson, Nepomuceno, e infalivelmente naquela ária de *Agatha,* do *Freischutz,* de Weber, pela qual mostrava particular afeição".

Bastaram poucos saraus para *Juca* perceber que estava enamorado de Olinta. Diante dela, no entanto, segundo Cavalheiro Lima, "a natural espontaneidade do maestro, com seus rasgos brejeiros, muitas vezes de tonalidades infantis, nem sempre permanecia inalterável, cedendo lugar paradoxalmente a uma acentuada timidez, quase inexplicável naquele temperamento eufórico e aberto". No fundo, tinha receio de não ser correspondido e sentia uma ponta de ciúme pela forma afável com que ela tratava todos os amigos. Já avançado na casa dos 30 anos, flagrava-se pedindo conselhos à mãe, Dona Maria José, como se fosse um adolescente. Para propor noivado a Olinta, ele recorreu ao amigo Alziro Marino, bem mais jovem do que ele e aluno da cantora.

Ao receber do emissário a resposta favorável, ele imediatamente compôs uma canção chamada *L'amour au printemps*, sobre um poema de J. Itiberê da Cunha, e a dedicou à amada:

> *Em avril il faut bien que la terre rieuse*
> *soit comme une chanson d'amour, mélodieuse*
> *et que le grand rêveur, le poéte, sublieux*
> *épris des arbres verts et des espaces bleus*
> *abandonne au Zéphir se tristesse dernière*
> *Et soit ivre d'amour ao sein de la lumière*

Araújo Vianna e Olinta Braga tornaram-se inseparáveis. Tinham gostos musicais peculiares que, em geral, encontravam afinidades. Massenet era uma paixão comum, porém existiam alguns pontos de discórdia. Olinta estava fascinada pela obra inovadora de Claude Debussy, que *Juca* depreciava, dizendo que o compositor francês deixava sua imaginação insensível. Preferia os clássicos: Beethoven, Wagner e, em especial, Bach. Ainda assim, não se furtava de tocar Debussy nos diversos concertos que os dois realizariam juntos dali em diante.

Em março de 1906, ele a convidou para acompanharem a temporada de *Carmela*, que finalmente estrearia no Teatro São Pedro de Alcântara, do Rio de Janeiro, sob a regência do consagrado maestro Francisco Braga. A ópera recebeu elogios unânimes da imprensa.

"No final houve uma verdadeira apoteose ao compositor, ao regente e a todos os artistas", registrou o *Jornal do Comércio*. "O público vibrava de entusiasmo como ra-

ramente temos visto." *O Jornal do Brasil* assinalou que "a ópera do sr. Araújo Vianna agradou, provocando calorosos e de todo justos aplausos. Pode-se mesmo afirmar que conquistou brilhante sucesso".

Em junho, ele voltaria à capital federal para uma audiência de suas composições no Instituto Nacional de Música, quando interpretou *Rêverie, Dansa Española, Marcha Humorística* e *Festa Napolitana*.

Juca e Olinta promoviam concertos em conjunto para recepcionar grandes artistas em Porto Alegre. No dia 11 de novembro de 1906, apresentaram-se no Theatro São Pedro com o consagrado violinista de São Paulo Francisco Chiafitelli. Pela primeira vez, ela cantou duas composições de Araújo Vianna, *Je t'aime, Ninon* e *Amor*. No ano seguinte, novamente uniram esforços para produzir um espetáculo com o virtuoso violoncelista Luis Figuerás, que fora aluno de Pablo Casals.

Neste período de felicidade emocional, Araújo Vianna produzia febrilmente. Entusiasmado com o reconhecimento nacional de *Carmela*, começou a compor sua segunda ópera chamada *Rei Galaor*, sobre um poema do escritor simbolista português Eugênio de Castro.

IV.

A busca do perfeccionismo, que *Juca* e Olinta compartilhavam, por vezes esbarrava na falta de bons cantores e instrumentistas. Araújo Vianna considerava insuficiente a qualidade dos músicos locais, embora, por educação, nunca tivesse admitido publicamente.

Na época, Olintho de Oliveira acalentava o sonho de uma instituição que pudesse incentivar o gosto e a qualificação das belas artes e da música em Porto Alegre. Ele insistia com seu colega médico Carlos Barbosa da Silva, então presidente do Estado. Homem ligado à Cultura, Barbosa passou a considerar a viabilidade da ideia, mas estabeleceu uma condição: o projeto deveria receber a adesão dos cidadãos de "destacada posição social", que pudessem sustentá-lo financeiramente.

Juca e Olinta foram os primeiros a aderir, na expectativa de que o Instituto pudesse abrigar um conservatório de música. Durante todo o processo de constituição do Instituto, estiveram ao lado de Olintho, levando suas experiências, ele, no Conservatório de Milão, e ela, no Instituto Nacional de Música.

No dia 5 de julho de 1909, na condição de diretor do novo Instituto de Belas Artes do Rio Grande do Sul, Olintho de Oliveira promoveu a inauguração do Conservatório de Música, em ato solene, na presença de representante do presidente do Estado, membros da diretoria e Comissão Central do Instituto, professores, alunos, imprensa e sociedade local. Na mesma cerimônia, nomeou Araújo Vianna para dirigi--lo, além de ser o responsável pela disciplina de Harmonia e Composição. Olinta assumiu como professora de Canto.

Nesta época, José de Araújo Vianna começou a sentir uma leve retração nos pés e nas mãos. Faltava-lhe destreza para tocar piano e as caminhadas se tornavam penosas. Como o problema se agravasse, procurou o médico Raimundo Gonçalves Viana, um de seus grandes amigos, que estudava doenças neurológicas. Aos primeiros exames, ele deu o triste diagnóstico: *Juca* apresentava sintomas de Esclerose Lateral Amiotrófica ou *Mal de Charcot*, uma moléstia degenerativa que poderia ser retardada, mas não tinha cura. Caso a suspeita se confirmasse, Araújo Vianna perderia lentamente os movimentos e a sensibilidade, embora não fosse perder a lucidez. Nesses casos, em média, o paciente teria uma expectativa de vida de três ou quatro anos.

A busca pela cura o levou ao médico francês Joseph Babinski, que fora aluno do próprio Jean Martin Charcot, descobridor da doença. Após rigorosos exames, Babinski lhe deu a má notícia. José efetivamente sofria do *Mal de Charcot*, uma doença que se comportava de forma desigual, dependendo da pessoa. Antes de retornar, Araújo Vianna escreveu a Olinta pedindo que ela não o esperasse no porto quando de sua chegada. Ela atendeu, porém, no mesmo dia, o procurou em casa.

Quando o encontrou, José já não podia levantar da cadeira ou caminhar sem o auxílio de outra pessoa. Os dois travaram uma longa e dolorida conversa. Olinta disse que ficaria ao lado dele em qualquer circunstância, mas prevaleceu a decisão de José. A doença era incurável e sua progressão produziria uma degeneração física degradante, e ele não permitiria que ela passasse por aquilo. Não adiantaram os apelos da noiva. Aquele provavelmente tenha sido o último encontro entre ambos, e o primeiro dia do resto da vida de Olinta sem *Juca*.

Olinta mergulhou em uma melancolia profunda. Custava a crer que o homem sensível, alegre e gentil, capaz de produzir as canções mais doces e amorosas, sucumbiria diante de uma doença cruel que lhe tiraria os movimentos paulatinamente até que sua vida expirasse. O que restaria a ela? O mundo que os dois construíram de amor, música e companheirismo subitamente ruía de forma irreversível, sem que ninguém pudesse fazer alguma coisa. Toda a felicidade acumulada naqueles quatro ou cinco anos de convívio sofria uma reversão drástica.

Araújo Vianna pediu licença do cargo de diretor do Conservatório e mudou-se para o Rio de Janeiro, para evitar a proximidade com o sofrimento dos amigos e, principalmente, de Olinta. Quanto a ela, a tristeza a impedia de dar aulas. Passava os dias em casa, de cama. A família compreendeu que Olinta necessitava urgentemente de uma troca de ambiente. Pela legislação em vigor, as alunas laureadas do Instituto Nacional de Música, como ela, tinham direito a um prêmio de viagem à Europa, "como forma de animar a instrução artística e estimular as verdadeiras vocações estéticas". Assim, no início de 1911, Olinta Braga embarcou para Paris com passagens e estadia pagas pelo Governo Federal.

V.

A doença de Araújo Vianna agravara-se, mas tinha períodos de intermitência. Mantinha-se lúcido e acalentava o sonho de compor uma ópera com base no poema *I-Juca-Pirama*, de Gonçalves Dias. Em agosto de 1913, em um dos momentos em que a doença refluiu, ele pôde assistir à execução, pela primeira vez, de *Rei Galaor*, no Salão do *Jornal do Comércio*. Ele próprio reduziu a ópera a uma versão de vozes, piano e cordas, sem encenação, e conseguiu com muito sacrifício tocar uma das sonatas. Seria sua última aparição pública.

Pouco menos de um ano depois, Olinta Braga regressaria da Europa. Chegando ao Rio de Janeiro, faria um concerto no Salão do *Jornal do Comércio*. Antes, concedeu uma entrevista, possivelmente ao amigo Álvaro Moreyra, publicada na revista *Fon-Fon*, na qual manifestou seu desejo de viver na então capital federal.

> "*Mlle Olinta Braga esteve durante dois anos e meio na Europa, por prêmio do Instituto Nacional*

de Música. Seria interessante ir perguntar-lhe detalhes de seus estudos, sensações que trouxe.

– Uma entrevista?!

E sorria, assustada, estendendo-nos a mão muito branca. Como lhe juramos que não era uma entrevista, Mlle deu-nos um lugar junto dela e começou contando.

– Fiz meus estudos completos em Paris com M. Dubulle, professor do Conservatoire, e Mme. Le Selle, da Opéra. Também repeti um pouco os italianos, com o cantor Bertrand, do Scala, de Milão. Bem imagina, pois: meu repertório é grande. Desde os clássicos...

– Até Debussy!

– Até Debussy. Frequentando seguido teatros e concertos, não só por emoção, mas para aprender. Venho da Europa completamente presa a minha Arte com um entendimento ainda mais amplo e um amor muito maior.

– Pretende fixar-se no Rio?

– Talvez. Posso mesmo dizer que sim. Entretanto quero antes fazer uma excursão: Curitiba, Rio Grande do Sul, Uruguai. Aqui darei um concerto no salão do Jornal do Comércio, *com o maestro Chiafitelli.*

– Nossos jornais noticiaram várias vezes por telegramas de que Mlle Olinta Braga se fez ouvir em Paris.

– Quando Mme. Jane Catulle Mendès, de retorno

da América, realizou uma conferência no Théâtre-Femina, teve a gentileza de convidar-me para tomar parte em seu programa. Nunca esquecerei da linda festa, do instante em que apareci. A sala toda cheia, atenta, a me escutar... Cantei depois em diversos salões da aristocracia francesa, e em Roma, na delegação do Brasil. Sempre com felicidade. Agora, nas vésperas de abandonar a terra em que passei momentos inolvidáveis, o meu adeus foi um recital na Sala Villiers. Prestou-se concurso o pianista argentino Hector Basavilbaso, de quem guardo a mais grata recordação.

– Não desejava voltar a Paris?

– Tanto!

Os seus olhos brunos se alongaram pelo mar...

Era o fim da tarde, tarde lírica, de outono. Ao alto da pequena igreja de NS de Copacabana, pousara um resto de sol que ia empalidecendo. Uma tristeza descia com a noite.

E desandamos a conversar sobre Paris, lá de longe."

Não se sabe se durante sua estada na Europa ela tenha recebido notícias de Araújo Vianna, assim como não há qualquer referência de que ela o tenha encontrado no regresso ao Brasil. De qualquer forma, soava estranha a intenção de morar no Rio, pois sempre vivera em Porto Alegre e deveria retomar a função de professora do Conservatório, ao fim da licença.

Pode-se especular que ela nutrisse a esperança de viver com *Juca*, principalmente ao saber de sua aparição durante a audiência de *Rei Galaor*, o que poderia indicar uma reversão na doença. Contudo, a mudança não se concretizou. Depois da apresentação no *Jornal do Comércio*, retornou a Porto Alegre e ao Conservatório. O entusiasmo que revelou na entrevista com a continuidade de sua carreira de cantora também não se confirmou. No final daquele ano, realizou seu último concerto no Theatro São Pedro. A diva se despediria com uma pungente interpretação de *Prece*, composta por Araújo Vianna. A partir de então, só apareceria ao público nas apresentações de fim de ano de seus alunos do Conservatório.

Em 1916, o poeta Eduardo Guimaraens estava no Rio de Janeiro para acompanhar a impressão de sua obra-prima *A Divina Quimera*. Noivo de Etelvina Braga Barreto, sobrinha de Olinta Braga, ele tornara-se grande amigo de Araújo Vianna, e foi visitá-lo na casa da Rua Barão de São Gonçalo, já sabendo da gravidade de seu estado de saúde. Além da doença que lhe afetava os movimentos, ele sofria de um paratifo, que minava suas últimas resistências. O encontro, ele descreveria em uma crônica publicada no jornal *A Noite*, de Porto Alegre:

> "Foi, pois, com a previsão do quase inevitável, do que tinha que acontecer, da fatalidade inelutável da morte, que o visitei uma tarde em que a inclemência do mal era menos sombria. Não me pareceu, entretanto, que o enfermo possuísse a consciência mais ou menos exata da seriedade de seu estado. O modo pelo qual a ele se referia era, talvez, de um momentâneo aborrecimento e não de uma preocupação real. O encarceramento do leito o impedia de trabalhar. Enfim! Julgava que o essencial era curar-se inteiramente. Tinha

disso uma grande, uma forte, religiosa esperança. Falou-me de seus projetos de arte a realizar-se para o ano, da montagem cênica, decisiva, do Rei Galaor, da audição do I-Juca-Pirama, *o seu sonhado trabalho de 'arte nacional, brasileira', e perguntou-me interessado pelo libreto de um pequeno drama lírico, n'um ato, que eu ficara de escrever-lhe há três anos, em Porto Alegre e que ele pretendia fazer levar à cena com* Rei Galaor."

A certa altura da crônica, o poeta conta que Araújo teria lhe indagado sobre o drama do artista que morre sem realizar seus projetos. Eduardo tentou desanuviar o ambiente, falando dos amigos comuns em Porto Alegre e de seu livro que estava no prelo. Não refere que tenham conversado sobre Olinta. No final da crônica, escreveu o poeta:

"*Quando deixei a alcova onde o enfermo sofria e de onde, alguns dias mais tarde, foi sem que ninguém soubesse removido para o Hospital Evangélico, já era noite. Uma dessas noites amplas e azuis, em que se olvida há tanto tempo, atrasado esse ano, o rápido inverno do Rio. Mas as lâmpadas da avenida não deixavam ver as estrelas, brilhando. Fulgiam, feéricos, os teatros, os restaurantes, os bares. Maria Barrientos anunciava* O Barbeiro de Sevilha. *E, como a distância é pequena, do Teatro Lírico à Rua São Gonçalo, a doce voz da soprano gloriosa foi levar, com certeza àquela noite, o último adeus da música alegre de Rossini ao doloroso maestro que morria*".

José de Araújo Vianna faleceu às 6 horas da tarde de 2 de novembro de 1916. Foi enterrado no dia seguinte, no Cemitério São Francisco de Paula, no Rio de Janeiro. Um mês depois, aos 20 anos e já atuando como dentista, o filho Eugênio habilitou-se à herança do maestro: duas casas na Rua Thomaz Flores e uma nos Campos da Redenção, em Porto Alegre, mais créditos junto à Companhia Previdência do Sul, o que lhe foi concedido.

Olinta Braga deu aulas no Instituto Belas Artes até se aposentar, em 1939. Conhecida pelo extremo rigor que dedicava à formação de seus alunos, guardava seus raros sorrisos para as celebrações de final de curso. Em março de 1964, seria homenageada durante a inauguração do novo Auditório Araújo Vianna, no Parque Farroupilha. Ela viveu até os 92 anos de idade.

EPÍLOGO

Ao sábado de manhã, o táxi Chevrolet 1952 do seu *Antonio*, grande o suficiente para caber os pais e a filharada, nos conduzia ao número 221 da Rua Duque de Caxias. No casarão cinzento, morava – ou melhor, reinava – nossa tia-avó, a *Dinha*. Na verdade, era tia da nossa avó, portanto, tia-bisavó. Chegamos a assistir a algumas aulas de canto, quando ela ainda tinha energia, na sala maior que era uma espécie de santuário, onde fulguravam um enorme retrato da nossa bela avó Etelvina, a escrivaninha do vô Eduardo e o piano da *Dinha*.

No pátio, quem reinava era a cadela *Fifa*, tipo salsicha, mas imensa. A goiabeira, cujo caule crescia paralelo ao chão, servia de montaria das nossas fantasias de *cowboys*. Dela, comemos goiabas para o resto da vida.

Dinha

Porém, a convivência se realizava na sala da frente, em torno da pequena *Dinha*, já idosa, impávida em sua poltrona, cabeça erguida, com seus vestidos floreados, camafeus, joias que pareciam antiquíssimas, as mãos sobre o cabo metálico da bengala. Invariavelmente, estava com ela sua sobrinha Isabel, a Tia *Beletta*, minha madrinha, com seu jeito *laissez faire*, que nos instava a cantar ou declamar – e pagava cachê. Em volta das duas, funcionava a governanta Isaura, em sua eterna espera pelo que ela chamava de "meu *paraguai*" – uma indenização a que teria direito pela participação do pai no conflito com os paraguaios. Imaginava uma fortuna e prometia resolver os problemas de todos, entretanto, morreu sem receber um tostão.

Em algum momento do dia, antes ou depois de tomar chá com leite, *Dinha* me chamava e alcançava o jornal para que eu lesse para ela. Isso começou quando eu tinha quatro anos, já conhecia a maioria das letras, mas ainda titubeava na composição das sílabas. Eu deitava no tapete e lia com dificuldade. Ela escutava, atenta, e sua altivez revestia de nobreza a cena insólita de um menino vacilante lendo para sua tia-avó quase cega. Após quatro ou cinco notícias, ela se dava por satisfeita, pedia um beijo e me dispensava.

Assim, aprendi a ler.

Soubemos desde sempre que Olinta Braga, a *Dinha*, fora noiva de Araújo Vianna, mas era uma informação que o tempo tratou de empalidecer. Chegou até nós quase como um dado curricular, que divulgávamos para impressionar professores e colegas. Não tínhamos noção – provavelmente nunca teremos – do que esta condição significou em sua alma. Carregar pela longa vida a lembrança de um amor pleno abreviado por uma tragédia dolorosa a tornou dura, áspera e portadora de um orgulho severo como não vi em qualquer outra pessoa.

Mas *Dinha* permitia-se para conosco, seus oito sobrinhos-bisnetos, a pequenos gestos de afeto; raros, difíceis e, por isso mesmo, inigualáveis.

É assim que eu me lembro.

O 'INOCULADOR DE VENENOS SUTIS'

Passou pela cabeça de uma professora gaúcha amiga das boas letras homenagear o escritor Joaquim Maria Machado de Assis no ano de seu centenário de nascimento. Solicitou, então, autorização para que o colégio da qual era diretora adotasse o nome do autor de *Dom Casmurro*. Ao tomar ciência do pedido, o secretário de Educação e Saúde Pública do Estado, José Conceição Pereira Coelho de Souza, formulou o seguinte despacho:

> *"Na época de afirmação e de reconstrução que atravessamos, quando se procura fazer da Educação o grande e natural instrumento de reerguimento nacional e uma fonte de fé em uma humanidade renovada e em uma pátria gloriosa – cuido pouco indicado fazer do nome de Machado de Assis uma*

sugestão permanente a mentalidades em formação. Artista maravilhoso da dúvida sutil, a sua obra é uma negação continuada. Filho espiritual de Renan, a ponto de expirar pronunciando conceito da Oração de Acrópole, *foi, como o Mestre, daqueles que dissolveram uma geração, deixando-a 'desarmada para a vida' – como dizia em estudo recente o conhecido e insuspeito autor francês Julien Benda.*

Só os homens já formados podem ler, sem perigo, esse fascinante inoculador de venenos sutis. E assim digo porque fiz de Machado de Assis um autor de cabeceira. De resto, parece-me que às escolas elementares devem ser dados os nomes de grandes educacionistas, em gesto de gratidão, ou de grandes homens públicos, animados de uma intenção específica de servir à Pátria, como sugestão cotidiana de virtudes cívicas.

Os puros homens de letras, por mais sedutores que sejam, devem ser cultuados em escolas de outros graus. Mercê dessas razões, denego a autorização solicitada."

Vivia o Brasil dias de Estado Novo.

Dois anos antes, a pretexto de antecipar-se a uma suposta tentativa de tomada de poder pelos comunistas e às vésperas da eleição que definiria seu sucessor, o presidente Getúlio Vargas articulou um golpe de Estado para se manter no Poder. Fechou todas as casas legislativas e, em troca desta defasagem democrática, prometeu um período de desenvolvimento e prosperidade, de preferência em um clima de exacerbado nacionalismo, para o qual todos os patriotas deveriam contribuir.

O insólito despacho de Coelho de Souza, embebido de estadonovismo, despertou a atenção, já que seu autor tratava-se de um homem letrado participante da *intelligenzia* porto-alegrense. Logo, proeminentes da Cultura local seriam instados a opinar. Pintor renomado e crítico de Arte, Angelo Guido saiu em defesa do secretário:

– Não compreendo Cultura que não seja construtiva no sentido de estimular o que de melhor o coração e a inteligência podem dar, que, em vez de criar o entusiasmo, encorajar os altos sentimentos e levar-nos a perceber um sentido eterno da vida, nos deixa desarmados interiormente perante a realidade. Por isso, para mim, a obra de Machado de Assis é simplesmente o trabalho estéril de uma vigorosa inteligência, que viu muitas coisas, mas não teve profundidade para perceber o sentido da vida. É um nome, portanto, que, para a nossa época e para a obra educativa que se pretende realizar, nada, absolutamente, significa.

O jornalista, escritor e historiador Othelo Rosa entrou na contramão:

– Negar a Machado de Assis o direito à admiração das novas gerações porque ele teve da vida uma certa visão e imprimiu à sua obra uma determinada orientação filosófica não parece justo. É surpreendente que, em nossos dias, tal se pretenda fazer com tal fundamento. Escritor primoroso que honraria qualquer literatura; culminância da mentalidade brasileira, individualidade que foi um exemplo de modéstia e retidão moral, Machado de Assis em qualquer escola pública terá seu nome como homenagem merecida e o mais justo dos preitos. Excluí-lo do amor e da veneração das crianças do Brasil, porque pensou de uma certa forma, será ingratidão, será injustiça, será uma lição de intolerância contra a qual, no meu entender, devem elevar seu protesto todos os homens de pensamento do país.

O escritor Telmo Vergara fez coro ao colega:

– É verdade que o que caracteriza a estranha personalidade de Machado de Assis é justamente o espírito da dúvida e do desencanto. Porém, quem não duvida, quem não se desencanta quando conhece os pobres e vaidosos bípedes raciocinantes a fundo, como os conhecia Machado de Assis?

A controvérsia avolumava-se e o jornalista e escritor Reinaldo Moura tentou propor uma mediação bem-humorada:

– O pequeno mundo literário de Porto Alegre está criando uma tempestade em copo de chope só porque Coelho de Souza disse umas coisas amáveis em torno do espírito machadiano. Se continuarmos levando a questão para o terreno meramente literário, não chegaremos a um acordo. Coelho de Souza, homem de governo, detentor de uma pasta onde mais nítida e profunda deve ser a ação do espírito nacionalista, isto é, do clima político criado pela ideologia do Estado Novo, não é o mesmo Coelho de Souza da vida intelectual privada, o amável e risonho admirador de Renan, Anatole e Machado de Assis. Ele crê na influência dos nomes tutelares sobre a vida e o destino das instituições, prefere emprestar às escolas do Rio Grande do Sul o prestígio dos nomes evocadores das figuras espartanas na nossa História.

O diretor da Biblioteca Pública e escritor Manoelito d'Ornellas, autor do clássico *Gaúchos e Beduínos*, perfilou-se com o secretário:

– Ninguém será capaz de negar a Machado de Assis a glória de ser um dos maiores escritores do Brasil. No entanto, quem poderá desmentir a nefasta influência do amargo

Machado de Assis

pessimismo de Machado sobre a alma de nossa juventude? O nome de Machado em uma escola provocaria o riso irônico de Brás Cubas. Machado de Assis não é mais entendido por nossa geração. Está separado de nós por um século.

Darcy Azambuja, que à época escrevia o posteriormente consagrado *Romance Antigo*, enfrentou o tema do pessimismo do autor de *Quincas Borba*:

– A sua grande obra, tão rica e tão variada, é um tratado da alma humana que ninguém melhor do que ele conheceu e retratou. Não se propôs educar, nem animar, nem orientar os homens, mas apenas descrevê-los em páginas que são as mais belas e as mais altas da literatura brasileira. Por isso, em seus romances e seus contos há de tudo que o homem sente e pensa; há dúvida, há pessimismo, há desespero. Mas há também esperança, fé e amor. Há, sobretudo, em suas obras, beleza, simplicidade e busca da perfeição.

A polêmica ganhou estatura nacional. Na Academia Brasileira de Letras, com toda a cautela costumeira, os "imortais" lamentaram a posição do secretário gaúcho e desandaram a enaltecer os méritos do grande patrono da casa. Mas quem se divertiu de verdade foi o dono dos *Diários Associados*, Assis Chateaubriand, que aproveitou o veto para espicaçar o Estado Novo. Mandou publicar em todos os jornais do grupo um editorial com o título "O anarquista Machado de Assis". O texto é ironia pura:

> *"Temos que felicitar o secretário de educação gaúcho Coelho de Souza pela reação que ele afinal decidiu opor aos inimigos interiores e aparentemente invisíveis da ordem totalitária em seu gesto pondo as novas gerações do Brasil de 1939 em guarda contra o ceticismo e a malícia de Machado de Assis. A eliminação dos temperamentos saturados de dúvida filosófica deverá ser tão automática nesta ordem de coisas quanto um criminoso na vida em sociedade. Todas as ideias-força do regime conspiram e se revoltam contra cultos machadianos e ruyanos*. No final das contas, não é preciso vir ensinar todas as manhãs que o Brasil deixou de ser uma associação livre de liberais desbragados. O fenômeno sociológico novo, peculiar a este século, é que a democracia popular autoritária não se compadece com o clima moral e intelectual de anarquistas do gênero de Machado de Assis".*

Enquanto os debates permaneciam na paróquia local e as divergências se expressavam em um fraternal concordo/não concordo, o secretário mantinha-se tranquilo.

---

* Referente a Rui Barbosa.

Ante a dimensão nacional explosiva fornecida pelo editorial de Chateaubriand, Coelho de Souza sentiu o golpe e apresentou um amargurado pedido de demissão ao interventor Osvaldo Cordeiro de Farias. Pego de surpresa, quando se encontrava em São Francisco de Paula, este mandou um telegrama ao subordinado:

"Não entro no mérito da questão, pois desconheço os detalhes que motivaram esse seu pedido. Apresso-me, porém, a esclarecer que não posso dispensar da função onde, com sua inteligência construtora e extraordinariamente esclarecida, vem prestando assinalados serviços".

Com as costas esquentadas pela mensagem do chefe, Coelho de Souza agigantou-se:

– Permanecerei, assim, no meu posto com força suficiente para continuar a executar o programa traçado, sem vacilações e sem atenções para com os inimigos do regime. O Estado Novo, que o gênio político do presidente Getúlio Vargas criou, e que a alta capacidade e espírito público do coronel Cordeiro de Farias vêm executando no Rio Grande do Sul, não há de fracassar no departamento de Educação.

Somente em 1963, o Rio Grande do Sul passou a ter uma escola pública com o nome do inesquecível criador de *O Alienista*. A Escola Estadual de Ensino Fundamental Machado de Assis está situada no bairro Nonoai, em Porto Alegre. Atualmente, existem escolas com seu nome em quase todos os estados e em centenas de municípios brasileiros, incluindo Caxias do Sul, Novo Hamburgo, Igrejinha, Canela, Pelotas e São Lourenço do Sul, todos no estado natal de Coelho de Souza.

Foguinho assina súmula

OS PRÍNCIPES E OS PAJENS

Gaúchos e cariocas decidiam em uma melhor de três quem enfrentaria os paulistas na final do Campeonato Brasileiro de Seleções de 1936. O time do Rio de Janeiro era treinado pelo ex-jogador Harry Welfare, o "tanque inglês" de 1m90cm, que empilhou gols pelo Fluminense na segunda década do século 20, ao chegar da Grã-Bretanha para dar aulas no Ginásio Anglo-Brasileiro. "É a melhor seleção dos últimos tempos", garantiam os jornais do Rio de Janeiro.

Nela, figuravam vários craques do *scratch* nacional, como o *back* Itália, o meia Carvalho Leite, o centroavante Feitiço, o ponta Patesko e, principalmente, o cerebral Leônidas da Silva, o *Diamante Negro*, melhor jogador do país. Entre os gaúchos, o único com algum prestígio se chamava Luiz Luz, *back* do Grêmio e titular da Seleção Brasileira na Copa de 1934.

Os gaúchos padeciam da falta de um bom *center forward*, já que o gremista Luiz Carvalho se encontrava no fim de uma brilhante carreira. O problema só foi resolvido com o deslocamento para a posição do meia-esquerda do 9º Regimento de Pelotas chamado Sezefredo Ernesto da Costa, apelidado de *Cardeal* por, invariavelmente, jogar com um gorro vermelho.

Os cariocas desembarcaram no Cais de Porto Alegre recepcionados por uma multidão que desejava ver seus ídolos, mas quem apareceu à frente deles foi o ator *Procopinho*, caracterizado como o personagem Carlitos, uma genial bolação do radialista e publicitário Nilo Ruschel, que aproveitou o ensejo para promover a temporada de *Tempos Modernos*, de Charlie Chaplin, no Cine Imperial.

O técnico do Rio Grande do Sul, Telêmaco Frazão de Lima, tomou a providência de concentrar seus jogadores durante toda a semana em um hotel do balneário de Belém Novo, no extremo sul de Porto Alegre, para preservá-los do nervosismo presente nos cafés do Centro da cidade.

Foguinho, o capitão do time, foi o único dispensado da concentração, pois tinha que atender aos fregueses na sua alfaiataria. No amadorismo reinante, a grande maioria dos jogadores tinha empregos públicos conseguidos pelos cartolas, muitas vezes sem a necessidade de comparecer à repartição. Não era o caso de Oswaldo Azzarini Rolla, o *Foguinho*. Depois de dez anos dividindo seu tempo entre o Grêmio e o emprego como alfaiate das Lojas Renner, decidiu montar seu próprio negócio, inicialmente na Rua do Rosário e, mais tarde, nos altos da Casa Krahe, na Rua da Praia.

Ele não se deixava influenciar pela tensão do jogo. Pelo contrário, se divertia com ela, como noticiou o indefectível jornalista Pery Azambuja, do *Correio do Povo*:

"*Há três dias, em uma roda no Café Nacional, se achavam numerosos esportistas, entre os quais o animador da vanguarda gaúcha e o repórter. Da mesa, acerca-se um conhecido e, como não poderia deixar de ser, perguntou a Foguinho sua opinião sobre o encontro de domingo.*
Sem vacilar, veio a resposta:
– Eles vão nos dar uma goleada.
O homem saiu com uma 'cara de xuxu' e a turma ficou gozando o seu aspecto. Em seguida, apareceu outro, ávido também por saber opiniões alheias. A pergunta não fugiu à regra. E a resposta surpreendeu:
– Nós vamos dar um passeio naqueles sujeitos."

Na sexta-feira anterior ao jogo, *Foguinho* fechou a alfaiataria mais cedo e foi assistir ao treino do adversário. Ficou impressionado com a habilidade dos atacantes cariocas. À tardinha, ele chegou a Belém Novo e procurou o técnico Telêmaco:

– O senhor não pode jogar com esse *center half*. Ele é bom jogador, mas não desarma e o ataque deles é de primeira. O ponta-direita Orlando é muito veloz e corre com a bola grudada no pé; Carvalho Leite é mais alto do que eu e joga com inteligência; *Feitiço* também é alto e sabe tudo de futebol; Leônidas tem um drible incomparável e Patesko é o melhor ponta-esquerda que eu já vi jogar.

O *center half* em questão era Nestor, do Cruzeiro.

– Eu vou escalar o Nestor, porque ele é craque – retrucou Telêmaco.

O jogo seria disputado no recém-inaugurado Estádio da Timbaúva, na Rua Alcides Cruz, pertencente ao

Grêmio Esportivo Força e Luz, clube ligado à Companhia Carris, subsidiária do grupo norte-americano *Electric Bond & Share*, que administrava os bondes de Porto Alegre.

No domingo, dia 7 de junho, os 15 mil lugares do Estádio da Timbaúva estavam ocupados. Entre os presentes, figuravam o governador do Rio Grande do Sul, José Antônio Flores da Cunha, e o prefeito de Porto Alegre, Alberto Bins. Apesar do grande entusiasmo da torcida, pouca gente acreditava em triunfo do time local, pela enorme disparidade entre os jogadores, evidenciada quando os alto-falantes anunciaram as escalações. Os gaúchos entraram em campo com Penha; Miro e Luiz Luz; Sardinha, Nestor e Risada; Sorro, Russinho, Cardeal, Foguinho e Tom Mix. Os cariocas apresentaram-se com Panello; Nariz e Itália; Oscarino, Zarzur e Canale; Orlando, Carvalho Leite, Feitiço, Leônidas e Patesko.

Logo nos primeiros instantes, os temores de *Foguinho* se confirmaram. Ante a marcação frouxa dos gaúchos, os hábeis cariocas desfilavam sua técnica refinada. Nem o campo parcialmente alagado pelas chuvas da véspera criava obstáculos para os visitantes. Um toque genial de Leônidas deixou *Feitiço* à vontade para anotar o primeiro gol, antes dos cinco minutos de jogo. Dez minutos depois, Patesko movimentou-se em zigue-zague entre dois adversários e marcou o segundo gol. Antes que terminasse o primeiro tempo, o "beduíno" Zarzur aparou um rebote da assustada defesa gaúcha e ampliou para três a zero.

Desnorteados, os gaúchos ainda contavam com a má vontade do juiz carioca Solon Ribeiro. Quando o jogo ainda estava um a zero, ele anulou um gol legítimo de Sorro, em um dos raros ataques do time local. O fim do primeiro tempo equivaleu a uma trégua no massacre que ocorria em campo.

Ante o silêncio constrangido da plateia, os gaúchos se retiravam cabisbaixos, enquanto seus adversários riam entre si e faziam piadas, como se estivessem em uma *pelada* nas areias de Copacabana.

Ao comentar o primeiro tempo, o cronista do *Diário Carioca* escreveu:

> *"Tem-se a impressão de que os gaúchos falharam lamentavelmente, vendo-se neles um quadro completamente desmoralizado pela superioridade do adversário. Os cariocas aproveitaram todas as oportunidades, principalmente Patesko, que jogou desmarcado, pois Sardinha necessitava auxiliar Nestor que fracassara a ponto de permitir que os cariocas brincassem".*

As 32 anos, em vias de encerrar uma carreira gloriosa, *Foguinho* temia o pior. O abatimento de seus companheiros fazia pressentir um vexame histórico. Era preciso fazer alguma coisa. No vestiário, *Foguinho* interpelou o técnico Telêmaco:

– Se o senhor não mudar o *center half*, vamos levar de dez.

Desta vez, Telêmaco atendeu e colocou em campo Gradim, um negro alto e forte que atuava pelo Força e Luz. Antes de reiniciar o segundo tempo, *Foguinho* aproximou-se dele.

– Na primeira bola, entra duro. Eles estão ganhando fácil e não vão querer se arriscar.

Deu certo. No primeiro lance de que participou, Gradim dividiu com energia. Os cariocas se assustaram e o Rio Grande do Sul tomou conta do jogo. No primeiro ataque, o hábil *Cardeal* recebeu a bola pela direita e, após um festival de dribles, enxergou *Foguinho* ingressar na área pelo outro lado. O cruzamento partiu à meia-altura. *Foguinho* emendou no ar, da entrada da área, e levantou a rede carioca.

O gol trouxe de volta a torcida. Gradim postava-se como um guardião intransponível e afugentava os atacantes cariocas. *Foguinho*, com sua energia, passava por cima do meio-campo adversário. Na frente, *Cardeal* flanava entre os zagueiros com sua esperteza e agilidade. Os jornalistas cariocas queriam saber quem era o sujeito do gorro vermelho, que ofuscava os craques consagrados do time rival. Uma nova combinação de passes do ataque gaúcho proporcionou a *Casaca*, que substituíra Tom Mix no intervalo, a possibilidade de acertar um belo arremate na corrida, assinalando o segundo gol dos locais.

Uma chuva de chapéus e lenços desabou sobre o campo encharcado da Timbaúva. O empate era questão de minutos. Em uma das tantas cargas dos gaúchos, a bola sobrou para *Foguinho* diante de três adversários. Mesmo assim, ele disparou um foguete, vencendo o goleiro Panello. A torcida explodiu de empolgação, sem perceber que o juiz Solon Ribeiro anulava o gol, assinalando *off side* passivo do santanense Sorro.

Os dirigentes da Federação Rio-grandense de Futebol invadiram o campo e cercaram o árbitro com protestos, desaforos e ameaças de agressão. A Brigada Militar entrou em campo para proteger o juiz. Uma onda de indignação tomou conta dos torcedores ante a profunda injustiça cometida. A partida esteve suspensa por 10 minutos. Durante a balbúrdia, *Foguinho* aproximou-se do banco:

– Quanto falta?

– Quinze minutos.

– Dá tempo.

Quando o jogo foi reiniciado, ele apanhou a bola no meio de campo e partiu para cima dos oponentes. *Cardeal* movimentava-se pedindo o passe, mas o meia-esquerda estava determinado a resolver as coisas. Depois de deixar dois jogadores no caminho, desferiu um chute potente. A torcida já comemorava o empate quando o arqueiro Panello esticou-se todo e praticou um milagre.

Na jogada seguinte, *Foguinho* iniciou uma nova investida. Desta vez, vislumbrou *Cardeal* livre pela esquerda e passou-lhe a bola. Quando os cariocas esperavam que ele tentasse o chute, o avante pelotense deu um corte para o lado, por onde penetrava o meia-direita *Russinho*. Este, desmarcado, teve frieza para encobrir o goleiro com um leve toque por baixo da bola.

O impossível acontecera. A torcida entrou em campo para comemorar com os jogadores. *Cardeal*, o malabarista, foi escolhido o melhor do jogo e saiu de campo nos ombros da massa. Sobre *Foguinho*, o *Correio do Povo* escreveu:

> – "Já vimos muita gente disputar embates com incrível ardor, mas nunca ninguém como Fogo na tarde deste domingo. Foi, mais uma vez, o animador incansável do nosso team."

No domingo seguinte, empolgados com a reação no primeiro jogo, os gaúchos venceriam os cariocas por 3 a 2. *Russinho* inaugurou o placar, recebendo um passe de cabeça de *Foguinho*. Carvalho Leite empatou. Aos 42 minutos, o juiz gaúcho Henrique Amábile marcou uma falta na intermediária carioca. *Risada* bateu para *Foguinho* dentro da área, de costas para o gol. Quando todos esperavam um passe, ele girou rápido e acertou o canto esquerdo.

Mas o jogo não estava ganho. Nestor falhou e Leônidas voltou a empatar. Atendendo aos gritos da massa, Telêmaco colocou Gradim em campo e o time cresceu. No final, o esperto *Cardeal* tomou a bola de um zagueiro e passou para *Russinho*, o rápido meia-direita do Grêmio, fazer 3 a 2.

Faltava o terceiro jogo da melhor-de-três. Para apitar a partida, foi escalado Heitor Marcelino Domingues, ex-jogador do Palmeiras, que integrara o famoso trio atacante da Seleção Brasileira, com Friedenreich e *Neco*. Dez anos antes, durante um jogo entre gaúchos e paulistas, Heitor havia cometido uma falta violenta no arqueiro do Grêmio Eurico Lara, que ficou desacordado por vários minutos. O jogo estava empatado em 3 a 3. Quando Lara retornou, ainda estonteado, os paulistas fizeram dois gols e eliminaram os gaúchos.

Antes da decisão entre gaúchos e cariocas, circulou o boato de que os jornais publicariam uma foto do lance em que Heitor machucou Lara. Ele ameaçou não apitar. No dia do jogo, a foto não estava nos jornais e Heitor tranquilizou-se. Ao final, o empate em dois gols classificou os gaúchos. *Cardeal* marcou duas vezes no primeiro tempo. No segundo, os cariocas empataram, mas não tiveram forças para virar o jogo. E saíram reclamando de impedimento no segundo gol dos gaúchos.

– Os cariocas podem dizer o que quiserem – respondeu Heitor. – Fui um juiz paulista e civil.

Leônidas da Silva, o *Diamante Negro*, reclamou da truculência dos gaúchos e tentou menosprezar os vencedores:

– Perdemos para um *scratch* mambembe.

Ao que *Foguinho* retrucou:

– O dilema é este. Se brigamos, somos mal-educados. Se não brigamos, somos covardes.

E o chefe da delegação carioca proferiu uma frase de efeito para sintetizar o que ocorrera:

– Os príncipes perderam para os pajens!

A VÍTIMA DA SERPENTE

I

A Rua Simão Kappel não passa de um alinhamento de sobrados modestos divididos por uma via arenosa, bem no miolo do Arraial dos Navegantes. Seus moradores, em geral, trabalham nas indústrias de móveis, tecidos, biscoitos, fumo, banha, colchas, cervejas, calçados e vidros que proliferam na Zona Norte e alavancam o desenvolvimento de Porto Alegre neste início do século 20. Durante o dia, a rua é um lugar praticamente deserto e silencioso, a não ser pelo movimento errante dos cães sem dono.

No dia 5 de junho de 1901, contudo, por volta das três e meia da tarde, essa mansidão é ferida por dois disparos de revólver ouvidos do interior da casa nº 3, onde vivem o operário Christiano Schimpf e sua esposa, Othilia.

Quando os policiais chegam, encontram no meio da sala o cadáver de um sujeito identificado como Franklin Bernardes. A autora do crime está na mesma peça, abraçada ao marido. Sobre a mesa, ainda fumegante, está o revólver *smith & wesson*, de onde, certamente, partiram os disparos.

Othilia é levada à presença do coronel João Leite, delegado judiciário do 1º Distrito, a quem caberá investigar o caso. É uma mulher de 31 anos, alta, bonita e opulenta. Ela conta que Franklin a assediava com insistência, aproveitando-se da ausência do marido. Jura que repelia seus galanteios, mas evitava contar a Christiano, temendo uma tragédia. Naquela tarde, segundo relatou ao delegado, Franklin apareceu em sua casa e tentou possuí-la à força. Desesperada, conseguiu desvencilhar-se, apanhou o revólver na gaveta e desferiu dois tiros contra o agressor.

Christiano Schimpf, de 36 anos, é um homem grande, curvado e envelhecido. Diante do delegado, exibe um visível constrangimento beirando a vergonha, pela situação de marido que ignorava o que ocorria em sua casa. Declarou-se perplexo, pois considerava Franklin um bom amigo, que inclusive acolheu o casal por algumas semanas após um incêndio na Rua Kappel.

– É difícil acreditar que ele estivesse o tempo todo tentando seduzir a minha esposa.

Após os depoimentos do casal, o delegado João Leite libera Christiano e mantém Othilia provisoriamente no xadrez. O agente Plínio Lemos relata ao delegado João Leite as primeiras diligências. Franklin Bernardes, de 31 anos, era proprietário de uma loja de fazendas e miudezas na Rua Voluntários da Pátria, a poucas quadras dali. A maioria dos moradores não quis dar declarações. De concreto, conseguiu duas testemunhas que viam com frequência Franklin rondar a casa do casal enquanto Christiano estava fora.

As primeiras notícias sobre o caso produzem uma comoção geral. A cidade inteira apieda-se da pobre esposa ultrajada em seu próprio lar, a qual não restou outra alternativa senão lavar a sua honra com o sangue do opressor. Senhoras da sociedade organizam uma subscrição em favor de Othilia, transformada em símbolo da dignidade feminina. A mártir subjugada pelo sedutor, um homem de posses que se julgava no direito de dispor dela a seu bel-prazer, sem que ela pudesse revelar ao marido o assédio que sofria.

II

Na manhã seguinte, antes de seguir para a Chefatura, o coronel João Leite visita sua irmã Magdalena Soares, viúva de um oficial do Exército, que mora na Rua da Praia, nos altos da Casa de Câmbio do senhor Virgílio Albuquerque. Encontra a irmã com o jornal aberto sobre a mesa.

– Parece que só se fala nisso – ela afirma.

– Um crime de sangue tem esse poder de alterar o cotidiano de forma radical. Todo mundo se sente afetado e se obriga a tomar partido, no caso, em favor da moça assediada.

– É a mártir da honra feminina. Acreditas na história dela?

– A princípio, tudo se encaixa: os depoimentos, as circunstâncias, a motivação. Na situação dela, não farias o mesmo?

– Eu teria a quem recorrer, talvez ela não tivesse. Mas tem uma coisa que me intriga. O que o homem estava fazendo *dentro* da casa?

– Tentava seduzir a moça.

– Mas, como ele entrou? Veja bem. Se alguém está

me importunando com insistência a ponto de me fazer perder a cabeça, a última coisa que eu pensaria em fazer seria lhe abrir a porta.

Para ingressar na Chefatura, o delegado João Leite precisa atravessar uma pequena multidão postada à frente do prédio, na expectativa de que Othilia seja libertada. "Quando vão soltar a moça?", alguém pergunta. O coronel limita-se a pedir licença e seguir em frente, esbarrando nos curiosos. Na delegacia, terá ainda que superar um grupo de repórteres à espera de notícias frescas.

Finalmente em seu gabinete, manda chamar o agente Plínio.

– Volte ao Arraial dos Navegantes e consiga novas informações, dados, tudo sobre a natureza das relações entre a acusada e a vítima. E mande alguém trazer Dona Othilia.

Minutos depois, ela ingressa na sala com um semblante compungido.

– O senhor não vai me soltar?

– Em breve, mas ainda existem alguns detalhes que preciso conhecer para concluir o inquérito.

– Eu já falei tudo o que podia – ele diz, chorosa.

– Uma coisa me intriga, por isso preciso lhe perguntar. Como Franklin entrou em sua casa?

Ela vacila alguns instantes, depois diz:

– Bem, ele bateu a porta, eu abri...

– A senhora abriu a porta, mesmo sabendo que ele a atormentaria com novas propostas?

– Talvez eu tenha aberto com medo de um escândalo público. Ou ele simplesmente empurrou a porta e entrou.

– Deve ter? A senhora não recorda?

– Ocorreu tanta coisa, não consigo lembrar com exatidão.

– É bom que a senhora tente lembrar, pois esse detalhe pode ser decisivo para o resultado do inquérito.

No início da tarde, um funcionário anuncia ao delegado a presença de uma mulher com informações sobre o caso.

Vestida de preto, ela apresenta-se como Marcolina Bernardes Mayssald, de 40 anos.

– Meu irmão não era santo, mas também não é o monstro que estão pintando – ela observa.

– Sou todo-ouvidos.

Marcolina conheceu o casal Schimpf há cerca de dois anos, quando seu irmão Franklin os hospedou na sua casa. Naqueles dias, a esposa de Franklin estava adoentada e ficou na casa de parentes. Marcolina ofereceu-se para ajudar a cuidar da casa. Franklin cedeu seu quarto para o casal e passou a dormir em um aposento nos fundos da casa.

– Durante alguns dias, Christiano viajou a serviço. Em uma daquelas noites, acordei para ir ao banheiro e enxerguei a porta do quarto do casal entreaberta. Fui até lá e percebi que Othilia não estava no quarto. Então, ouvi alguns ruídos do fundo do corredor. Aproximei-me do aposento ocupado por Franklin e vi a cena, por uma fresta.

– Viu o quê, Dona Marcolina?

– Othilia estava debruçada sobre a guarda da cama em movimentos que não deixavam dúvida. Nunca toquei no assunto com meu irmão. Passei a notar o comportamento de ambos, uma troca de olhares maliciosos, mesmo na presença de Christiano.

À tardinha, Plínio está de volta ao gabinete do delegado.

– Tenho novidades – ele anuncia e tira do bolso um caderno de anotações. – Falei com três sujeitos. Joaquim Fernandes da Cunha, 61 anos, vizinho da loja de Franklin. Disse que Othilia costumava visitar com frequência a loja. Nunca comprava, mas às vezes saía com um pedaço de fazenda ou alguma bijuteria presenteada por Franklin.

O delegado tem as mãos entrelaçadas sob o queixo.
– Prossiga.
– Pedro Moritz, de 50 anos, se diz amigo de longa data de Franklin Bernardes. Há dois anos mais ou menos, Franklin o procurou e pediu um quarto em sua casa para se encontrar com uma mulher. Pediu discrição, pois a dana era casada. Pedro concordou. No dia combinado, às 9 horas da manhã, ele apareceu com uma mulher alta e corpulenta e ocuparam um quarto na casa de Pedro por cerca de quarenta minutos.
– Esse Pedro conhecia Othilia Schimpf?
– De vista. Ele não pode garantir que a mulher fosse Othilia, pois evitou olhar seu rosto, mas pelo tamanho e porte físico, acredita que poderia ser ela.
– Estamos, meu caro Plínio, diante de uma reviravolta.
– Tem mais. Emilio Costa, de 34 anos, é vizinho dos Schimpf. Ontem, não quis falar, mas hoje dei uma dura no sujeito e ele contou que via Franklin chegar à casa de Othilia diariamente, quando Christiano estava ausente. Ele chegava por volta das dez ou onze da manhã, batia duas vezes na porta, ela abria e, três horas depois, ele ia embora.
– À luz do dia?
– No início, eram discretos. Franklin disfarçava, contornava a casa e entrava pelos fundos. Com o tempo, passaram a negligenciar esses cuidados.

João Leite ordena que busquem novamente Othilia Schimpf em sua cela.
– Lembrei como Franklin entrou na minha casa – ele anuncia ao entrar na sala.
– Eu já sei. Ele bateu duas vezes na porta e a senhora abriu, como vinha acontecendo quase todos os dias.

Othilia assusta-se.

— A senhora tem sido amante de Franklin há no mínimo dois anos, talvez mais.

A mulher encolhe-se.

— Ele me subjugava, fazia propostas, insistia. Eu fui fraca, não consegui resistir.

— A senhora se deleitava com seu amante, enquanto seu marido trabalhava para sustentá-la.

Othilia mergulha em uma crise de choro.

— É sua última chance de contar a verdade, Dona Othilia. O que realmente aconteceu ontem, em sua casa?

Othilia confessa que há dois anos mantinha relações amorosas ilícitas com Franklin Bernardes. Nos últimos tempos, tomada pelo remorso e pela vergonha, ela decidiu encerrar o caso.

— Quando Franklin chegou, eu disse que aquilo não poderia continuar. Ele, no entanto, não se conformou. Insistiu que continuassem, chegou a propor que se eu me separasse de Christiano, ele largaria a esposa. Respondi que amava meu marido, mas tinha me deixado levar pela luxúria, pelos presentes que ele me dava. Então, ele tentou me agarrar, tornou-se violento. Perdi a cabeça e peguei o revólver da gaveta.

III.

Aos olhos do público, a heroína virou megera. De exemplo de virtude, Othilia tornou-se o símbolo da volúpia pecaminosa e da traição. A cidade, então, transferiu suas atenções ao drama de Christiano, o marido desonrado pela esposa em seu próprio leito conjugal.

— Tua intuição estava certa, minha irmã — elogia o delegado João Leite, no encontro matinal com a viúva Magdalena Soares. – A moça confessou que era amante do tal Franklin. Quando pretendeu dar um basta no *affair*, ele não aceitou.

Magdalena, entretanto, não se mostra satisfeita.

– Não é normal – ela diz.

– O que não é normal?

– Se Othilia desejava romper e Franklin não queria, o normal é que o gesto de desespero partisse dele, não dela.

– Ele tentou agarrá-la à força. Ela reagiu e atirou nele.

– Pode ser, mas o natural seria o contrário. O amante desprezado é quem deveria reagir com violência.

Os jornais elogiam a astúcia do delegado João Leite, responsável pela surpreendente guinada no caso que mexeu com os ânimos da população. Quando ele chega à Chefatura, é cumprimentado pelas pessoas aglomeradas na calçada. O coronel, contudo, se mostra arredio.

– O que temos sobre Christiano Schimpf? – pergunta ao agente Plínio.

– É operário, de nacionalidade russa. Trabalha na indústria de Hermano Steigleder.

– Só isso? É pouco. Precisamos de mais informações sobre o sujeito: antecedentes, temperamento, jornada de trabalho. O que sabemos sobre a arma do crime?

– É um revólver *smith & wesson*. Segundo a perícia, teria sido acionado pela primeira vez.

– Quero todas as informações sobre o marido e a pistola, o mais rápido possível. E tragam Christiano Schimpf para um novo depoimento.

Três horas depois, Plínio retorna esbaforido à Chefatura e encontra o delegado João Leite consumido pela ansiedade.

– E então?

– Christiano tem passagens pela Polícia por brigas de rua. É do tipo que não leva desaforo para casa.
– Batia na mulher?
– Não. Tinha adoração por ela, segundo seus colegas.
– Ciumento?
– Bastante. Mas o melhor está por vir. Sua jornada de trabalho vai até às cinco da tarde, mas, no dia do crime, ele saiu às três, conforme os registros da firma.
– Plínio, quero que busquem Christiano Schimpf imediatamente.
– Já trouxe. Ele está aí fora. Só mais uma coisa que vai lhe interessar. O revólver foi comprado por ele na loja de Balduíno Hermann sabe quando?
– Fala logo!
– Na véspera do crime.

Christiano ingressa na sala do delegado João Leite com um semblante desconfiado, custodiado por dois guardas.

– Chamaram-me para buscar minha esposa.
– O caso estava encerrado, senhor Christiano, sua esposa confessou o assassinato de Franklin Bernardes, mas soubemos de alguns detalhes que gostaria de compartilhar com o senhor. Othilia e Franklin eram amantes, o senhor tinha conhecimento disso?
– O senhor está enganado. Ele assediava minha esposa e ela o repelia.
– Ela confessou que mantinha relações de natureza ilícita com Franklin há dois anos, desde quando vocês se hospedaram na casa dele.
– Não pode ser verdade – Christiano protesta, ofendido.
– Infelizmente, é. O senhor, portanto, seria a maior vítima deste caso deplorável, mas existem algumas questões em aberto. Fizemos algumas investigações e descobrimos

que o revólver que matou Franklin Bernardes foi comprado na véspera do crime... Pelo senhor!

– Comprar arma não é crime.

– Desde que a arma não seja comprada para cometer um crime.

Christiano ergue-se da cadeira, porém é subjugado pelos guardas.

– Calma, não terminei ainda – exclama o delegado. – Tomei conhecimento também que, no dia do crime, o senhor ausentou-se do trabalho por volta das três horas da tarde. O senhor tem algo a dizer sobre isso? Acho bom começar a falar. A verdade, desta vez!

O russo conta que começou a ouvir rumores sobre o comportamento de sua esposa e Franklin Bernardes. A princípio, não deu importância, mas começou a prestar atenção na troca de olhares entre os dois quando se encontravam.

– Eu deveria ter desconfiado com os vestidos novos, a louça nova, os cremes de beleza que ela trazia para casa. Resolvi interpelá-la. Ela admitiu que aceitava os presentes de Franklin por interesse, mas jurou que nunca acedeu às suas propostas desonestas.

– O senhor acreditou?

– Eu disse que só havia um jeito de acabar com aquela história desagradável.

– Então, vocês armaram uma cilada para Franklin Bernardes. Ela atrairia o amante até sua casa, o senhor, tendo deixado o trabalho mais cedo, estaria escondido em uma peça com o revólver recém-adquirido. Quando Franklin investisse contra Othilia, o senhor o mataria.

Christiano baixa a cabeça.

– Em algum momento, combinaram que ela assumiria o crime e poderia escapar, se conseguisse convencer a todos de que era vítima do galanteador. Não seria difícil, porque até o senhor acreditou nisso.

IV

De heroína ultrajada, Othilia Schimpf torna-se a grande vilã. A serpente que, com seu veneno traiçoeiro, produziu a cena que manchou de sangue o cotidiano da cidade, induziu o marido a cometer um crime e iludiu os sentimentos da população. Um ano mais tarde, Christiano foi absolvido pelo assassinato de Franklin Bernardes, sob a alegação de que teria agido em legítima defesa da honra. Othilia, entretanto, seria condenada a quatro anos de prisão, muito mais por ter traído o marido do que pelo crime em si. Ao deixar a prisão, após cumprir a metade da pena, Christiano a esperava com um buquê de flores.

Santa Casa de Porto Alegre. Início do séc. XIX

A HERANÇA DO IRMÃO JOAQUIM

As duas enfermarias ficaram prontas no final de 1825. Elas formavam um prédio de dois pavimentos, com 105 palmos de comprido e 45 e meio de largo, atrás da capela. As obras custaram mais de 20 anos e sofreram diversas interrupções, algumas por absoluta falta de dinheiro e outras causadas por episódios inesperados. Finalmente, no dia 1º de janeiro de 1826, as autoridades da província subiram a Rua da Praia para inaugurar o prédio da Santa Casa de Misericórdia.

Cinquenta anos antes, Irmão Joaquim Francisco do Livramento chegava à Vila de Porto Alegre, em sua peregrinação pelas capitanias do Brasil Colônia, pregando a caridade e fundando instituições de amparo à pobreza. Embora fosse filho de um proeminente negociante vindo dos Açores, Francisco da Costa, era visto como um ermitão. Vestia um velho e roto bruel da Ordem dos Franciscanos e um par de sandálias destruídas pelas longas jornadas de sua vida.

Com tristeza, ele constatou que aquela vila habitada por 1.500 almas libertas, que crescia a partir da ponta de uma península, não possuía uma única casa onde os doentes pudessem sarar suas enfermidades. A única exceção, que logo despertou sua curiosidade, era um pequeno asilo situado à Rua dos *Peccados Mortaes*. Ali, conheceu a negra Ângela Reiúna, que cuidava da improvisada casa de saúde, onde atendia principalmente enfermos da classe marítima.

Foi ela quem lhe falou de um homem chamado José Antônio Silva, seu vizinho já falecido que, em certos dias da semana, vestia um baladrão preto e saía às ruas recolhendo esmolas para os pobres da redondeza e para os presos da cadeia. Com o dinheiro, comprava alimentos e preparava um caldo para alimentar seus protegidos.

Irmão Joaquim prosseguiu sua peregrinação por outras províncias, criando casas de meninos desvalidos nas localidades de Itu e Sant'Ana, em São Paulo; Jacuecanga, no Rio de Janeiro, e o instituto Orphãos de São Joaquim, na Bahia. Quando retornou a Porto Alegre nos últimos anos do século 18, Ângela Reiúna havia falecido, mas dois benfeitores, José da Silva Flores e Luiz Antônio da Silva, seguiam seu exemplo. Conseguiram edificar, sobre tijolos feitos nas olarias que proliferavam na Vila, uma enfermaria para os pobres, que começara a funcionar em 1795, na encosta do Alto da Bronze.

Imediatamente, o Irmão Joaquim associou-se aos dois, porém já tinha em mente algo maior. Em 1801, ele viajou a Santa Catarina, sua terra natal, onde inaugurou a Santa Casa de Misericórdia do Desterro, após entendimentos com o Governo Imperial. Por decreto do Papa Inocêncio VII, cabia ao rei de Portugal autorizar a instalação de hospitais religiosos em suas colônias.

De volta à cidade, o Irmão Joaquim compareceu a uma sessão da Câmara Municipal e pediu a palavra. Ao referir o empreendimento construído no Desterro, propôs a criação de um hospital em Porto Alegre:

– Estou pronto para seguir a Lisboa, uma vez que me forneçam os documentos necessários com que possa requerer semelhante graça a Sua Alteza, o Príncipe Regente.

A resposta da Câmara não tardou. Na sessão do dia 3 de abril de 1801 foi redigido o atestado que o Irmão Joaquim levaria a Dom João VI:

"O Juiz Presidente e mais officiaes da Camara deste Continente de São Pedro do Rio Grande do Sul, que servimos o presente ano por eleições na forma da lei, atestamos que o Irmão Joaquim Francisco do Livramento, natural da ilha de Santa Catharina, filho de pais honrados, que depois de ver completo um Hospital na referida Ilha para nelle se recolherem os enfermos pobres, viajantes e lazarentos e serem nelle assistidos com toda a caridade da qual é revestido o dito Irmão, pois com sua diligencia adquiriu por varias partes esmolas para o estabelecimento do mesmo hospital o qual, com efeito, se acha na última perfeição, de depois do dito Irmão ali estabelecer a referida obra passou a mais o seu zelo em vir a esta Província do Rio Grande para effectuar outro Hospital em Porto Alegre, capital deste Continente, aonde os pobres forasteiros não tem refugio algum

para o alívio de suas moléstias sendo este porto muito frequentado de embarcações, se veem os ditos pobres forasteiros sem abrigo algum por não haver neste Continente Casa de Misericórdia e menos convento ou Hospital de Religiosos que com suas esmolas tanto no Temporal como no Espiritual lhes possa valer, no que a todos nos causa grande magua e só poderá esta cessar se a Muito Alta e Poderosa Piedade de Sua Alteza Real se dignar em conceber faculdade para estabelecer o dito Hospital que os fieis, a sua custa, pretendem erigir, cuja Mercê pedimos e rogamos ao Mesmo Senhor que nos favoreça e atenda a Representação que lhe fazemos em nome dos Povos desta mesma Vasta Província que tanto suspiram pelo referido benefício".

Após uma viagem de longos meses, o Irmão Joaquim apresentou-se no Palácio de Queluz. Em audiência com o Príncipe Regente, entregou a atestação da Câmara e rogou:

– Peço que Vossa Excelência Real se digne a conceder licença para a criação de um Hospital na Villa de Porto Alegre, em atenção ao ponderado e a quererem os povos concorrer a sua custa para o estabelecimento, como consta na atestação da Câmara.

Dom João VI não respondeu na hora. Entregou o caso à apreciação do Visconde de Anadia, João Rodrigues de Sá e Mello de Menezes e Sottomayor. Por fim, no dia 14 de maio de 1803, foi expedido o Real Aviso destinado ao governador Paulo José da Silva Gama, com a permissão e uma advertência:

"Para a conservação da boa ordem e para que as esmolas que se ajuntem não tenham algum descaminho, e até para manter a boa reputação do dito irmão Joaquim, Vossa senhoria, de acordo com a Câmara, dará as necessárias providências para a segurança e boa arrecadação destes dinheiros, tendo particular cuidado para que não se apliquem a outro fim diferente".

Para atender à vontade real, a Câmara nomeou uma comissão composta pelo capitão José Francisco Casado, como tesoureiro, Joaquim Francisco Alvares, escrivão, e Luiz Antônio da Silva, procurador. O Termo de Vereança foi assinado em 19 de outubro de 1803, que passaria a ser a data de fundação da Santa Casa de Misericórdia.

Porto Alegre, a capital da Província, contava com 3.927 cidadãos contados pelo Censo daquele ano. Em geral, habitavam as chácaras "cercadas e valadas na sua circunferência", mas se mantinham extensas áreas alagadiças e barrentas, como os Campos da Redenção. O Hospital de Caridade começou a ser construído, com apoio entusiasmado do brigadeiro Francisco João Rocio, governador interino da Província. Ele próprio desenhou o projeto da obra e escolheu o local, "extramuros de Porto Alegre, numa colina sobranceira às estradas que partiam costeando o rio para o interior de Viamão". Ao lado, já existia uma fonte pública, instalada em 1779.

O súbito falecimento do brigadeiro, alguns anos mais tarde, poderia causar um problema insuperável, já que ele não deixara escrito o projeto do hospital. Porém, como as obras estavam adiantadas e ele houvesse explicado seu plano aos administradores, a construção prosseguia, na medida em que aparecia dinheiro de doações ou loterias autorizadas pelo Governo.

A cidade crescia, praticamente dobrara sua população em dez anos, e o esforço de arrecadação exigia uma estrutura maior. Foi, então, criada a Irmandade Santa Casa de Misericórdia, a ser composta por figuras ilustres da sociedade, sob a administração de um provedor. Contudo, o primeiro a ocupar o posto poria todo o esforço terra abaixo. Eleito provedor, o novo governador do Continente, Luiz Telles da Silva Caminha, o Marquês de Alegrete, propôs a transferência do Hospital Militar para os dois pavilhões já prontos da Santa Casa, porém encontrou forte oposição dos demais membros da Mesa Diretora. Sua reação seria descrita em texto do escrivão Lourenço Junior de Castro:

> *"Vendo-se contrariado e julgando-se ofendido em sua autoridade, procurou vingar-se da oposição que a Mesa lhe fizera. A quem governa nunca faltam recursos para exercer qualquer tipo de vingança. Assim, pois, ordenou que os presos militares fossem removidos para as lojas do Hospital de Caridade, sob pretexto de que a prisão precisava de consertos. Esta medida, que não significa outra coisa senão o capricho de uma autoridade despeitada, foi fatal em seus resultados. Vendo os fieis que seu Hospital, em vez desservir de asylo aos pobres, estava convertido em um calabouço, deixaram de concorrer com suas esmolas e, por isso, tiveram que parar tais obras".*

O Marquês do Alegrete seria substituído como provedor por José Castelo Branco Corrêa e Cunha Vasconcellos, o Conde da Figueira, novo governador da Província, que decepcionou seus companheiros de Mesa ao propor, com mais tenacidade ainda, a transferência do Hospital Militar para as duas enfermarias. Somente com a posse do desembargador Luiz Teixeira de Bragança, em 1822, ano em que Dom Pedro I proclamaria a independência do Brasil em relação a Portugal, a Irmandade pôde respirar aliviada.

Bragança assumiu a provedoria com duas tarefas. Recuperar a imagem da instituição, abalada pela teimosia de seus antecessores, e acelerar as obras, mesmo diante das dificuldades conjunturais decorrentes da completa reestruturação administrativa do país. Em três anos, imprimiu um ritmo às obras nunca visto, de forma que, ao entregar o cargo a seu sucessor, a Santa Casa estava pronta. Ao novo governador José Feliciano Fernandes Pinheiro, o Visconde de São Leopoldo, coube inaugurar o hospital no dia em que assumia o cargo de provedor. Logo após a cerimônia, ele surpreendeu os presentes, ao carregar no colo e colocar no leito o primeiro paciente admitido na Santa Casa.

O Irmão Joaquim Francisco não assistiu à realização de seu sonho. Ele deixara Porto Alegre em 1806, ao perceber que tudo corria bem e sua presença era dispensável. Dois anos após a inauguração da Santa Casa de Porto Alegre, ele faleceu a bordo de um navio na Costa de Marselha, onde se encontrava em quarentena por ter contraído febre bubônica, aos 78 anos de idade.

Avião da Panair na pista

O CHAPÉU PERDIDO DE TYRONE POWER

Seriam apenas 20 minutos, mas ninguém quer perder um único segundo. Desde as primeiras horas do dia, um exército de *girls,* rapagões, figurões mais ou menos posicionados, senhores da sociedade, jornalistas e crianças apossou-se das dependências do Aeroporto São João. Em alguns instantes, irá pousar na pista, para uma brevíssima escala em solo porto-alegrense, o *Douglas* da Panair carregando uma celebridade ilustre: ninguém menos que Tyrone Power.

Ele embarcara na Costa Oeste dos Estados Unidos e visitou, no caminho, as cidades de Lima, Bogotá, Santiago e Buenos Aires. Após abastecer em Porto Alegre, o avião o levará ao Rio de Janeiro, onde se encontrará "por acaso", segundo seus agentes, com a exuberante atriz francesa Anabella.

A primeira visão da aeronave, ainda a quilômetros de altura, já é suficiente para provocar frêmitos, gritos e crises de choro. Pontualmente, às dez da manhã, o *Douglas* alcança o solo na extremidade da pista e se aproxima do hangar. Quando abre a porta e começam a descer os tripulantes, a multidão rompe o cordão montado pela Polícia e cerca o avião.

O mais célebre astro da constelação de Hollywood é um dos últimos a aparecer.

– Tyrone! Tyrone!

Um tanto aturdido, o ídolo é imediatamente cercado pelos jornalistas. Alega cansaço e diz que não gostaria de entrar em contato direto com os fãs nem dar autógrafos. Os responsáveis pela segurança avisam que, durante o abastecimento do avião, ele ficará em uma sala previamente reservada, onde não será importunado. Com alguma dificuldade e muitos empurrões, o ator é conduzido até uma sala envidraçada do aeroporto, do lado oposto à pista.

Enquanto toma uma xícara de café, ele enxerga a turba que contornara o prédio numa correria enlouquecida, gritando o seu nome. Diante dos fãs, Tyrone abre um sorriso e leva o dedo indicador aos lábios, como que pedindo silêncio. O gesto empolga ainda mais a rapaziada. Alguns mais alterados começam a quebrar as vidraças. Como medida de segurança, o ator é escoltado até as oficinas do aeroporto, onde permanece alguns minutos confabulando com jornalistas e funcionários da Panair, enquanto a Polícia planeja alguma forma de reconduzi-lo à aeronave.

A massa está inconformada. Aproxima-se o final dos 20 minutos programados e ninguém conseguira confraternizar com ele ou ganhar o seu autógrafo. Tyrone Power igualmente está inquieto. Deseja voltar logo ao *Douglas* e reiniciar a viagem, porém os jornalistas alertam que não será fácil.

O cordão de isolamento é reinstalado, com reforço policial, mas não dura quase nada. Logo que aparece à porta, no entanto, o astro é capturado pela multidão que o carrega nos braços, em triunfo. Tyrone Power está em apuros. Os fãs querem arrancar seu chapéu, suas roupas, seus sapatos, mechas de seus cabelos. Garotas choram por terem conseguido tocar no ídolo.

Brandindo cassetetes, os policiais tentam reaver o artista das mãos do povo. Ele consegue, enfim, livrar-se dos fãs, e caminha célere rumo à escada da aeronave. Entretanto, não se sabe de onde surge um novo grupo que burla o cordão policial e se acerca dele. Tyrone Power cai ao chão a apenas um metro da escada móvel.

Nesse momento, ele perde o chapéu.

Os policiais conseguem empurrar o astro para dentro do avião e retirar os mais atrevidos que estavam de pé sobre a asa do avião. As portas são fechadas. O piloto aciona as hélices, mesmo com o risco de atingir as pessoas que se mantinham na pista, em uma última tentativa de obter um autógrafo. Os anunciados 20 minutos de Tyrone Power em Porto Alegre transformaram-se em uma hora de correria, tumultos e desespero. Enquanto o avião levanta voo, os fãs abanam para o ídolo e se retiram do aeroporto satisfeitos, frustrados ou apenas conformados.

Ao meio-dia, o Aeroporto São João já retomara o movimento normal. Os encarregados da limpeza da pista têm algum trabalho para recolher objetos caídos ao chão durante o alvoroço daquela manhã. Um deles, João de Souza, encontra um belo chapéu azul-escuro e o coloca na cabeça. Os outros lhe fazem troça.

– Que chique, *negão*! Vai fazer sucesso nas bandas do Mercado.

– Que é isso? Só estava experimentando.

As tralhas são levadas ao compartimento de achados e perdidos. Dezenas de pessoas aparecem em busca de seus lenços, bolsas, carteiras, chaves e bonés. Outros objetos de menor valor são esquecidos ou desprezados pelos donos. Passados dois dias, o chapéu azul-marinho continua ali. João vai falar com o chefe.

– Será que teria problema de eu pegar esse chapéu emprestado só por hoje? Amanhã, juro que devolvo.

O chefe examina:

– É um belo chapéu.

João concorda salientando o beiço.

– E pra que tu quer um chapéu desses?

– Pra impressionar uma moreninha que vou encontrar.

– Imagina se aparece o dono? Um chapéu desses não é de jogar fora.

– Só hoje. Amanhã, estará de volta, bonitinho.

À noite, a morena Isaura escancara o sorriso de dentes grandes e perfeitamente distribuídos ao ver João de terno e um flamante chapéu azul-marinho na cabeça.

– Que bossa é essa?

– Gostou?

– Tirou na sorte grande? Um chapéu desses não é barato.

– O chapéu é um acessório. O que vale é quem está usando.

A verdade é que o cartaz de João vai às alturas perante a risonha Isaura, que só aceitou sair com ele depois de muita insistência. É a primeira vez que ela presta atenção de verdade no seu pretendente. As brincadeiras em torno do chapéu ocupam apenas a parte inicial da conversa, enquanto bebem cerveja e comem um bife caprichado no restaurante do velho Provenzano, no Mercado. O jeito que ele conta os acontecimentos da visita de Tyrone Power ao aeroporto lhe provoca boas gargalhadas.

— O sujeito não sabia onde se meter. Era madame agarrando, puxando cabelo, gritando desesperada. Umas três ou quatro desmaiaram só de encostar no tipo. Nem os rapazes conseguiam se conter. Enquanto estavam levando ele nas costas, uma senhora já de idade ficou horas tentando tirar o sapato, já pensou? Deve ter entortado o pé da criatura.

— Que gente mais doida!

— Doida? O aeroporto virou um hospício. Precisa ver a cara do sujeito. Pareceu que qualquer hora iriam amarrar o coitado num tronco e jogar no caldeirão de água quente, que nem nos filmes de índio. Só que não era índio nada, era só gente chique.

João revela-se um sujeito espirituoso e engraçado.

— Eu mesmo tive que acudir umas senhoras. Elas só diziam: Ai, meus sais! Cadê ele? Cadê ele?

Isaura morre de rir.

— Aliás, tá passando um filme com ele no Guarany. Chama-se: *Quem bem ama... castiga!* Bem que a gente podia assistir, não é?

Despedem-se, já com um cinema marcado para o fim de semana.

Na manhã seguinte, João chega radiante no hangar do aeroporto para mais uma jornada de trabalho. Ao enxergá-lo, o chefe grita, desesperado:

— Cadê o chapéu?

João aponta para o pacote que carrega.

— Graças a Deus! Corre aqui!

O chefe lhe mostra uma notícia de jornal:

"Os fãs porto-alegrenses ainda vivem a emoção dos momentos agitados que passaram durante a permanência de Tyrone Power em

Porto Alegre. Foram minutos que ficarão inesquecíveis para todos eles pelo ensejo que tiveram de ver o grande astro. Tyrone, porém, foi quem mais sofreu. Muito lhe custou o 'entusiasmo' de seus fãs gaúchos. A luxação em seu braço esquerdo, que ele se queixou aos jornalistas cariocas, não foi tudo. Além da gravata e de uma madeixa de seus cabelos, Tyrone deixou em Porto Alegre o seu chapéu, cujo custo é de 50 dólares ou 900 contos de réis".

– Novecentos contos! – João arregala os olhos. – Andei com um chapéu de 900 contos na cabeça?

– Pelo menos pra alguma coisa serviu?

– Vou te dizer, o chapéu é poderoso – comenta João.

No dia seguinte, o chapéu perdido é exposto na loja Filial Soares, na Rua dos Andradas, atraindo centenas de curiosos. As autoridades entram em contato com o ator, solicitando permissão para vendê-lo em leilão, com o prêmio revertendo para o Natal das Crianças Pobres, naquele ano de 1938, organizado pela Primeira-Dama Avany Cordeiro de Farias. Do Rio de Janeiro, por telegrama, Tyrone Power responde:

– *Disponham do chapéu como bem entenderem.*

NOTÍCIA DE JORNAL

Vitor amava Aracy, que amava Lúcia. Lúcia, que amava Aracy, matou Vitor com três facadas no peito, no dia 27 de outubro de 1979. Vitor foi enterrado no Cemitério Municipal. Aracy e Lúcia foram conduzidas ao Presídio Feminino. Terminou aí a insólita história de amor iniciada um ano antes, quando Aracy de Souza, 33 anos, conheceu Lúcia Camorato, 27 anos, no Hospital Nossa Senhora da Conceição, onde Lúcia era auxiliar de enfermagem. Por causa dela, Aracy abandonou o marido Vitor Dorneles, pedreiro, de 36 anos.

Ele não se conformou e queria reconciliação a qualquer custo. Insistia que ela o aceitasse de volta. Aracy retrucava que o ex-marido nunca lhe deu importância. Vitor jurava que, a partir dali, seria diferente, que percebera o quanto gostava dela. Aracy o repelia, dizendo que o casamento com ele era uma página virada e que ela estava bem com Lúcia. A bem da verdade, as duas passaram a ser espezinhadas pela vizinhança por conta da peculiaridade de sua relação.

Aracy vivia aos sobressaltos com os insultos dos vizinhos e o assédio permanente de Vitor. Ele reclamava que se tornara motivo de chacota na comunidade por ter perdido a esposa para outra mulher. Quando se encontraram para acertar a venda da casa em que viviam anteriormente, Vitor trancou a porta e tentou abraçar a ex-mulher, que a muito custo conseguiu se desvencilhar. Aracy e Lúcia concluíram que aquilo não poderia continuar assim.

Quando Vitor levou o documento da venda da casa para Aracy assinar, ela se mostrou mais acessível. Estranhamente, sugeriu que o ex-marido a levasse ao Bailão do Darcy, sábado à noite. Vitor encheu-se de esperança.

No sábado, quando estavam na fila do Bailão, Aracy disse que preferia dar um passeio, como nos velhos tempos. Enveredaram-se por ruas escuras do bairro Glória, quando cruzaram com Lúcia, o que deveria ser um encontro casual. Empolgado com o que julgava ser uma reconciliação em andamento, Vitor lançou à Lúcia um olhar triunfante, mas logo percebeu que Aracy parecia tomada por um nervosismo incontrolável.

Quando estavam em uma viela deserta, sem ninguém por perto, Lúcia segurou Vitor pelo colarinho e lhe aplicou três facadas no peito. Vitor morreu na hora, Lúcia jogou a faca em um valo e fugiu com Aracy. Naquela mesma noite, Aracy foi à Polícia e contou que Vitor fora assaltado e indicou o lugar onde estava o corpo.

Uma testemunha, no entanto, afirmou ao delegado Luiz Fernando Ramos que vira Aracy e Vitor naquela noite acompanhados por uma mulher. Uma breve investigação levou à Lúcia, com quem Aracy vivia. Durante a acareação entre as duas, surgiram diversas contradições. Nos interrogatórios em separado, Lúcia não resistiu às pressões e acabou confessando.

As duas seriam condenadas por homicídio qualificado com premeditação. Após alguns meses, conseguiram da direção do presídio o direito de compartilhar o mesmo quarto, um prêmio pelo bom comportamento e pelo espírito de colaboração das duas.

Teatro Leopoldina pichado

RODA VIVA E O PUNDONOR GAÚCHO

A peça *Roda Viva* chegava a Porto Alegre já precedida de polêmicas. Em julho, ao final de uma exibição no Teatro Galpão, de São Paulo, cerca de 50 homens armados de cassetetes, soqueiras inglesas e armas de fogo, a maioria exibindo cortes de cabelo militar, gritaram "CCC" e investiram contra o palco. Pisotearam os cenários, reviraram as poltronas, inutilizaram os instrumentos musicais e partiram para os camarins. Espancaram atores e rasgaram as roupas das atrizes. O contrarregra José Luís teve de ser hospitalizado com fratura na bacia, e Marília Pêra, que interpretava a personagem principal, foi posta para fora do teatro completamente despida.

O ano de 1968 estava mergulhado em um caldeirão de rebeldia e enfrentamento. Movimento estudantil, Maio de 68, assassinatos de Martin Luther King e Robert Kennedy, Primavera de Praga, mais de 700 prisões no Congresso da UNE (União Nacional de Estudantes) e Passeata dos 100 mil eram os ingredientes em ebulição, e *Roda Viva* fazia parte daquilo tudo.

O texto de Chico Buarque tratava de um jovem cantor em busca do sucesso, que se deparava com uma engrenagem massacrante. Sob a direção de José Celso Martinez Correa, a peça adquiria virulência ao confrontar cenas de sexo com imagens sacras e mostrar a crueza da repressão política. Em uma das cenas, a Virgem Maria era possuída pelo anjo Gabriel.

Marília Pêra não estava no elenco que veio a Porto Alegre, substituída pela atriz Elizabeth Gasper. A peça deveria estrear no dia 2 de outubro, mas Zé Celso decidiu adiá-la por um dia para entrosar melhor os novos atores. Na entrevista coletiva à imprensa, o diretor explicou a suposta agressividade de *Roda Viva*:

– Para que se atinja a profundidade em uma relação de amor, amizade ou o que quer que seja, é preciso que se quebre uma série de resistências. No teatro é assim também. Como o espectador hoje é muito viciado por uma indústria cultural de conformismo da televisão, das revistas e tudo mais, então no teatro, onde se trava uma relação cara a cara, procuramos estimular ao máximo a relação dele, espectador.

No dia da estreia, quinta-feira, panfletos circulavam pela cidade e nas cercanias do Teatro Leopoldina com os dizeres: "*Gaúcho. Ergue-te e luta contra aqueles que, vindos de fora, nada mais desejam do que violentar a tua família e as tuas tradições cristãs, destruindo-as. Hoje, preservaremos as instalações do teatro e a integridade da plateia e dos artistas. Amanhã, NÃO*".

Roda Viva foi apresentada sem maiores incidentes para um público que lotou o Teatro Leopoldina. Na sexta-feira, contudo, o teatro da Avenida Independência amanheceu coberto de pichações do tipo "Fora comunistas", "Chega de pornografia", "Abaixo a imoralidade". O *Correio do Povo*, principal jornal do Estado, publicava em editorial: "A Família e a sociedade porto-alegrense foram brutalmente agredidas em sua dignidade e pundonor".

À tarde, o general Ito do Carmo Guimarães, chefe da Censura Federal do Rio Grande do Sul, baixou uma portaria proibindo a exibição da peça em todo o território nacional. Alegou que o texto apresentado na estreia era diferente do aprovado pela Censura em uma cena na qual um dos atores, durante um monólogo, faz um desabafo repleto de palavrões. Em *off*, o *generalito*, como era pejorativamente chamado, argumentou que não teria condições de evitar coisas mais graves.

A trupe de *Roda Viva* seguiria na manhã de sábado para São Paulo a bordo de dois ônibus da empresa Minuano. Na noite anterior, os artistas saíram para jantar, divididos em vários grupos. Por volta das dez horas, quando alguns chegavam ao Hotel Rishon, na Rua Doutor Flores, cerca de 30 homens armados de cassetetes de madeira desceram de cinco automóveis: três *volkswagen* e dois *simca*, e passaram a agredi-los na calçada e no *hall* do hotel. O músico Romário José Borelli, o ator Amilton Monteiro e o iluminador Marcelo Bueno foram os primeiros a receber pauladas, socos e pontapés.

A pancadaria deixou manchas de sangue na calçada e na entrada do hotel, recentemente inaugurado. Quando os atores conseguiram se refugiar nos quartos, os homens correram para os automóveis e desapareceram. Um dos atores agredidos correu à churrascaria onde seus colegas jantavam. Eles decidiram não voltar para o hotel e se dirigiram à casa de um parente de alguém da equipe, na Rua Plácido de

Castro, no bairro Azenha. Neste grupo, estavam Elizabeth Gasper e seu marido, *Zelão*, guitarrista da peça.

A certa altura, chegaram três automóveis: um *volks*, uma camionete *DKW* e uma *Rural Wyllis*. Seus ocupantes mantinham uma postura acintosa, acelerando e buzinando os veículos diante da casa. Elizabeth e *Zelão* saíram para conversar com eles e referiram os espancamentos diante do hotel. Um dos homens comentou com ironia:

– Por que não fazem queixa à Polícia?

– Não vai adiantar. Só queremos ir embora.

Então, um dos homens torceu o braço de *Zelão* e outro imobilizou Elizabeth, e os puseram no porta-malas da *Rural*. A camioneta partiu por uma longa avenida em alta velocidade e com os faróis apagados. Andaram por um bom tempo até que as casas iam desaparecendo. No caminho, paravam a camionete e os faziam descer. Retiravam soqueiras inglesas dos bolsos e simulavam que iriam agredi-los, até que um dizia:

– Aqui ainda é perto. Vão ouvir os gritos.

Repetiram a encenação várias vezes, até que a camionete deixou a avenida e enveredou por uma estrada de chão batido até chegarem a uma clareira. Os homens fizeram um círculo em torno de Elizabeth e *Zelão*. Um deles ordenou:

– Agora, vamos representar *Roda Viva*. Queremos ver aquela cena de amor.

– *Zelão* é meu marido e não há sentido fazer amor com eles na frente de vocês – ela responde.

Àquela hora, vários jornalistas estavam no hotel, e o ator Paulo Antônio, que fazia o personagem principal da peça, funcionava como um porta-voz informal do grupo. Ele cansou de pedir ao tenente Mello, da Brigada Militar, que fosse buscar seus colegas na casa da Rua Plácido de

Castro, pois eles poderiam estar em risco, porém o oficial repetia que não era possível.

Aos jornalistas, Paulo Antônio atribuiu os ataques ao Comando de Caça aos Comunistas, que os havia agredido em São Paulo. Pediu que os repórteres noticiassem o fato nacionalmente, mas suavizassem o tom das agressões para não preocupar suas famílias em São Paulo. A portaria do hotel continuava a receber ligações anônimas com ameaças:

– O pau vai quebrar aí, de novo!

Na clareira completamente desabitada, os sequestradores colocam Elizabeth e *Zelão* em uma espécie de curral cercado de arame farpado e mandam que ela cante uma música da peça. Sem outra alternativa, a atriz canta *Luar* e recebe aplausos debochados do grupo.

O homem que parecia ser o chefe lhe dá uma descompostura:

– A senhora é boa atriz. Não tem vergonha de fazer essas coisas na frente do público, ainda mais na frente do seu marido?

– É uma peça, apenas.

O homem volta-se a *Zelão*, ameaçando agredi-lo:

– E o senhor? Como deixa sua mulher trabalhar nisso, seu corno filho-da-puta? *Roda Viva* nunca mais vai entrar em Porto Alegre e vocês têm 16 horas pra deixarem a cidade!

Elizabeth e o marido caminharam durante duas horas pelo mato em um lugar que, conforme sua descrição posterior, seria o Parque Saint Hilaire, em Viamão, até conseguirem carona para o hotel. Foram recebidos com choro e emoção pelos colegas que imaginavam o pior dos destinos para o casal.

No dia seguinte, o grupo retornou a São Paulo. O *Diário de Notícias* estampou em editorial sua opinião sobre os acontecimentos da véspera:

> *"Aqui, os artistas acabam de ser escorraçados. Ou esperariam aplausos e rosas pelas ofensas que fizeram ou pelos agravos que praticaram? O que houve foi uma repetição que por certo não lhes agradou, mas que deixa evidente a mágoa causada pela agressão aos sentimentos de altivez dos gaúchos, aos seus princípios cristãos, a uma tradição de dignidade que não pode ser ferida nem manchada (...) A família gaúcha foi preservada deste insólito ataque graças à rápida ação dos que, vigilantes, estão sempre prontos a defendê-la".*

O INCRÍVEL SUMIÇO DO CHEFE DE POLÍCIA

No *Dia de Reis* do ano de 1868, o Chefe de Polícia da Corte sumiu. Após o jantar, saiu de sua casa na Rua São Jorge, no centro do Rio de Janeiro, para a caminhada cotidiana até o Largo do Rossio. Como achava-se adoentado, pediu que o fiel escravo Malaquias o acompanhasse. Dario Rafael Callado era um homem alto, tez levemente morena, pouco mais de 50 anos de idade, nascido na Província Cisplatina, quando seu pai, o marechal João Chrisostomo Callado, lá se encontrava em missão confiada pelo Príncipe Regente Dom João VI. Assumira a Chefia de Polícia da capital do Império dois anos antes, após exercer o mesmo cargo no Rio Grande do Sul e em Minas Gerais.

Naquele feriado de segunda-feira, Callado percorreu o trajeto costumeiro. Desceu as duas quadras da Rua São Jorge até o Largo do Rossio, com o negro Malaquias a seguir-lhe os passos. Chegando ao Largo, deu-se conta de que não trouxera sua caixa de rapé e pediu que Malaquias fosse buscá-la. O escravo vacilou. Tinha orientação de não deixar o *sinhô* sozinho, mas acabou cedendo ante a insistência do delegado. Correu até a casa e, em poucos minutos, estava de volta com o rapé.

Porém, o delegado não se encontrava no local onde o havia deixado. O Largo do Rossio estava movimentado àquela hora. Famílias inteiras circulavam por seus recantos, casais passeavam de mãos dadas, crianças comiam algodão-doce, charretes coletivas e carruagens contornavam o Largo, e uma pequena retreta homenageava o feriado lusitano. Malaquias percorreu toda a praça até o pelourinho, no entanto, não enxergou o *sinhô*. Indagou às pessoas em volta e as poucas que se dignaram a dar-lhe atenção não lembravam de tê-lo visto. Desesperado, o negro retornou à casa da Rua São Jorge sem o patrão. De início, ninguém atribuiu maior gravidade ao ocorrido. Seria apenas um desencontro normal, diante de tanto movimento. Parentes e vizinhos saíram à procura de Dario Callado no Largo e nas cercanias.

Com o andar das horas, a preocupação foi adquirindo proporções dramáticas. Dario Callado era um homem conhecido nas redondezas, daqueles que não passam despercebidos. Ainda assim, ninguém o vira desde seu passeio no Largo do Rossio.

Naquela noite e nos dias, semanas e meses seguintes, todo o aparato policial do Rio de Janeiro foi mobilizado no encalço do desaparecido. Os agentes vasculharam cada metro das 247 ruas e 30 praças da cidade, sem encontrar o chefe, seu corpo, chapéu, fraque ou qualquer vestígio que pudesse indicar o seu paradeiro.

Ante o fato insólito do sumiço da principal autoridade policial da Corte, em todos os cantos da cidade começaram a circular as mais variadas especulações e fantasias. Para muitos, Callado teria sido assassinado por alguém ou algum grupo criminoso que tivera seus interesses contrariados. No círculo mais próximo, existia a suspeita de que, pelo estranho comportamento que vinha demonstrando, arredio, monossilábico e distante, ele poderia ter se suicidado, atirando-se em algum bueiro ou mesmo no mar.

A Polícia orientou sua ação para a canalização da cidade, sem nenhum resultado, contudo. Um amigo prontificou-se a alugar uma lancha para percorrer toda a baía do Rio de Janeiro, porém a busca igualmente revelou-se infrutífera.

Passado um ano, as autoridades deram o caso por encerrado.

※

Quatro anos antes de sumir em pleno centro do Rio de Janeiro, Dario Rafael Callado acumulava as funções de Chefe de Polícia da Província do Rio Grande do Sul e Juiz de Direito de Porto Alegre, quando um acontecimento inusitado intrigou a cidade.

Na manhã de sábado, dia 16 de abril de 1864, o comerciante José Manoel da Cunha Reis compareceu à Secretaria de Polícia para informar que o estabelecimento administrado por seu sócio, Januário Martins Ramos, situado à Rua da Igreja, se mantinha estranhamente fechado, levando em conta que passava das 11 horas da manhã.

Somente às cinco da tarde, o subdelegado do 2º Distrito Antônio Caetano Pinto Junior compareceu ao local e arrombou a porta da venda, mas não encontrou Januário, tampouco seu caixeiro José Ignácio de Souza Ávila, de apenas 14 anos. Segundo apurou o policial, a última pessoa que estivera com o taverneiro na véspera foi um sujeito chamado José Ramos, morador da Rua do Arvoredo. Decidiu, então, pela detenção preventiva do sujeito.

As informações chegaram aos ouvidos de Dario Callado somente no domingo, e lhe provocaram algum embaraço. O delegado conhecia muito bem o suspeito José Ramos, ex-praça da Polícia, reformado por mau comportamento, que se tornara informante remunerado, diretamente subordinado a ele. Os dois mantinham reuniões semanais, as quais o delegado considerava desagradáveis pela postura atrevida do interlocutor, mas úteis, pois José lhe transmitia as notícias do submundo, revelava os nomes dos contraventores mais salientes e antecipava os golpes que estavam sendo tramados.

A incômoda ligação com um suspeito poderia abalar o prestígio desfrutado pelo Chefe de Polícia desde sua chegada a Porto Alegre, em junho de 1861. Em dezembro daquele ano, caíra nas graças das pessoas influentes ao prender o perigoso bandido Antônio Campara, autor de roubos ousados, dos quais destinava uma parte à pobreza da cidade.

No próprio domingo, Callado pediu que trouxessem o suspeito à sua presença. José Ramos era um homem de 26 anos, alto e magro, pele seca, olhos astutos e fala persuasiva, revestida de um estranho sotaque espanholado. Ao entrar na sala, comportou-se como se estivesse em uma trivial reunião de trabalho, embora o delegado Dario Callado deixasse claro que a conversa era de outra natureza.

– E então, Ramos? O que tem a me dizer sobre o taverneiro Januário e seu caixeiro? Foste visto com os dois antes que eles sumissem.

– Mas eles não sumiram. Na sexta-feira, viajaram para os lados do Caí.

O delegado recostou-se na cadeira. Ramos exibia a arrogância costumeira. Confirmou que estivera na venda de Januário na tarde do dia 15, porém apenas o acompanhou até a Doca, onde ele embarcaria em uma lancha para os lados do Caí. Depois, a pedido de Januário, foi buscar o caixeiro para acompanhá-lo na viagem.

– Viste os dois embarcarem? Em qual lancha?

– Não cheguei a ver e não me preocupei, mas se o senhor quiser, posso averiguar e amanhã trago a informação: a hora, a lancha, o nome do barqueiro.

Apesar da insistência de Callado, Ramos manteve a versão sem titubear. Assim, foi dispensado com a recomendação aos guardas de que ele ficasse sob estrita vigilância.

Naquela mesma tarde, novas diligências dos policiais do 2º Distrito agravaram as suspeitas contra o informante. No dia do desaparecimento, Januário fora visto entrando na casa de José Ramos e sua amásia Catarina Palse, na Rua do Arvoredo, próxima aos fundos do Palácio do Governo. Alguns vizinhos também referiam a presença de um cão, pertencente ao menino José Ignácio, latindo à porta da residência.

Diante dos novos fatos, Callado mandou prender José Ramos e Catarina, e organizou uma busca na residência do casal na segunda-feira, acompanhado pelo amanuense João Henrique Fróes, mais duas testemunhas e dois presos, requisitados para uma eventual necessidade de trabalho braçal. Em frente à casa, encontrou um ajuntamento de curiosos tentando saber o que acontecia. O Chefe de Polícia pediu a ajuda de algum vizinho que conhecesse a distribuição interna da casa. Antônio da Silva Pereira prontificou-se a acompanhar a diligência.

A porta de entrada abria para uma sala ampla, com um quarto contíguo à esquerda. Ao fundo, havia uma porta para outro cômodo, provavelmente a cozinha. À direita, uma varanda oferecia a visão de um pátio e uma escada para se chegar até ele.

– Ali existe um porão – o vizinho Antônio apontou para um canto da sala.

O grupo desceu as escadas, tendo à frente o amanuense Fróes munido de uma lanterna de querosene. O porão possuía piso de chão batido, e um odor fétido castigava o ambiente. O delegado ordenou que os presos cavoucassem o chão. Sob a areia, foi surgindo o primeiro cadáver, ainda envolto em roupas, mas já em adiantado estado de putrefação.

– Não é o Januário – concluiu o delegado. – Esse aqui está enterrado há muito mais tempo.

O Chefe de Polícia passou, então, a examinar cada cômodo da casa. Na alcova principal junto à sala da frente, encontrou dois chapéus de pano pretos, copa baixa, e um de cor parda; arreios de montaria com detalhes em prata; um par de coturnos pequenos e usados; outro par de botas de adulto; sete barras de sabão e duas caixas de tamanhos diferentes. A maior continha dois pares de suspensórios, onze maços de velas e dois maços de linha crua. Na menor, havia uma carteira contendo uma boa quantidade de moedas de ouro e prata, mais onças e patacões avulsos, que perfaziam uma quantia considerável.

No mesmo aposento, o delegado percebeu resquícios do que parecia ser sangue: no travessão da cama, na colcha recém-lavada estendida sobre ela, uma larga mancha no assoalho e ainda resíduos de sangue coagulado. Em um canto da sala, debaixo da escada, um cesto escondia um escovão e um trapo de pano embebidos de sangue recente. No porão da cozinha, o grupo achou três machados, sendo dois de cabo curto e um mais comprido, junto a um serrote.

Mesmo lavados, os instrumentos ainda conservavam partículas do que também poderia ser sangue.

Depois de examinar a casa, o grupo chegou ao quintal. Os olhares convergiram para o poço coberto de lixo e folhagem de arbustos. Novamente, Dario Callado pediu para os presos retirarem o entulho. No fundo do poço, estavam mais dois cadáveres: de um adulto e de um menino partidos em pedaços, mas ainda no início da decomposição, de forma que as testemunhas presentes puderam facilmente identificá-los como Januário e seu caixeiro. Junto a eles, estava o corpo do cão preto do menino.

Enquanto o Chefe de Polícia ditava ao amanuense Fróes o auto de busca na residência, o inspetor de quarteirão José Clemente Palma Dias apareceu com mais alguns objetos que localizara atrás do muro da casa: uma chave grande, identificada pelas testemunhas como sendo da venda de Januário, uma bengala de cana com bastão branco e um maço de papéis embrulhado em um lenço, todos pertencentes ao taverneiro.

Callado não perdeu tempo. Ordenou que os ossos e restos humanos fossem recolhidos à Santa Casa para imediata exumação e se dirigiu à Secretaria para interrogar José Ramos e Catarina, com o propósito de encerrar o caso o mais breve possível, antes que suas ligações com o suspeito se tornassem públicas. Sendo do taverneiro e de seu auxiliar os corpos encontrados no poço, restava identificar o cadáver mais antigo enterrado no porão, no entanto, ele já suspeitava de quem seria.

Primeiro, o Chefe de Polícia quis ouvir a mulher. Aos 27 anos de idade, alta, cabelos negros desalinhados, pele muito branca e olhos azuis, Catarina Palse não chegava a ser bonita, nem feia. Na qualificação, apresentou-se como natural da Hungria, engomadeira de profissão e analfabeta.

O nervosismo aflorava em seus gestos mais corriqueiros. Esfregava as mãos, evitava o olhar do delegado e respondia mais do que lhe era perguntado.

– Dona Catarina, acabamos de encontrar três corpos enterrados e já sabemos que se trata do taverneiro Januário e seu auxiliar. Portanto, já sabemos *o que* ocorreu em sua casa na sexta-feira. Preciso saber *como* aconteceu e qual foi sua participação nesses crimes.

– Das três para as quatro horas de sexta-feira, João chegou com um homem já velho e trigueiro, dono de uma venda na Rua da Igreja. Eles jantaram juntos, por volta das quatro e meia. Nesse momento, fui dar água para as galinhas no pátio. Quando voltei, o homem da venda estava caído ao chão, com duas feridas na cabeça, e José arrastava o corpo até o porão.

Segundo Catarina, logo depois o marido saiu e, entre sete e oito horas, retornou acompanhado de um menino a quem ela não conhecia. Sentaram-se juntos à sala. Nesse momento, Catarina disse que foi à peça dos fundos conversar com a escrava *Senhorinha*. Ao voltar à sala, encontrou José na varanda carregando o menino, já morto, também com duas feridas na cabeça.

– José levou os dois cadáveres para o quintal. Pela janela, o vi partir os corpos em pedaços e atirá-los no poço. Depois, saiu novamente por volta das 11 da noite e não sei quando retornou.

Callado mostrou-lhe os três machados confiscados no porão da cozinha e perguntou qual José Ramos teria utilizado para cometer os crimes. Ela apontou para um deles, de cabo curto. O Chefe de Polícia pediu ao amanuense que o identificasse com a inscrição: *"Instrumento do crime apontado por Catarina Palse"*. A seguir, apresentou outros objetos recolhidos na casa: calçados, arreios e freios de montaria, velas, sabão, linhas e suspensórios. Ela respondeu que os sapatos pertenciam ao homem mais velho e os botins, ao menino, porém, disse ignorar como os demais objetos entraram em sua casa.

— A senhora tem ideia de quem era o cadáver encontrado no porão?

— Não posso saber, porque quando nos mudamos para cá, há sete meses, a casa estava limpa.

O Chefe de Polícia mandou Catarina de volta ao xadrez e pediu a presença de José Ramos. Diante de agentes e testemunhas, ele abriu um sorriso ao delegado como se fossem velhos amigos.

— O senhor nem me deu tempo de apurar o nome do barco que levou Januário e o menino para o Caí.

— Não foi necessário, porque eles não viajaram. Encontramos os corpos deles cortados em pedaços no poço de sua casa.

José Ramos murchou.

— Vamos relembrar os fatos. O senhor jantou com o taverneiro Januário em sua casa, na última sexta-feira?

— Não jantei. Estive com ele em sua venda e dali fomos juntos para a Doca, onde ficamos até às seis, como eu já lhe contei.

— Que tipo de negócio o senhor mantinha com Januário que o fez procurá-lo na sexta-feira?

— Nenhum negócio. Fui à venda tomar dois vinténs de genebra. Na conversa, eu disse que iria à Doca comprar um saco de milho e Januário pediu para ir junto, pois precisava falar com o dono de um lanchão. Quando lá chegamos, ele acertou uma viagem e pediu que eu fosse chamar o caixeiro para ir junto. Fui até lá e acompanhei o rapaz até a esquina da Praça do Palácio.

— O caixeiro também não jantou em sua casa?

— Não.

– Como o senhor explica o fato de ter aparecido em seu quintal o corpo do taverneiro Januário cortado em pedaços?
– Não sei como o corpo apareceu em meu quintal.
– Como explica que o corpo do caixeiro também tenha sido achado em seu quintal?
– Não sei explicar.
– O que o senhor fez depois de se despedir dos dois?
– Dei uma volta pela Rua da Ponte e voltei para casa. Como estava cansado, pedi que um menino me acompanhasse.
– Quem era o menino?
– Um mulatinho, não sei o nome. Mora na Rua do Rosário, mas não sei em qual casa. Como ele me ajudou, permiti que ele ceasse comigo.

O interrogatório prolongou-se por várias horas. Mesmo diante das evidências sublinhadas com ênfase pelo delegado, José Ramos conservou uma frieza imperturbável. Sustentou a versão segundo a qual apenas ajudou Januário e o caixeiro a viajarem ao Caí. A todo o momento, mantinha os olhos fixos no delegado e fazia referências à relação entre os dois. Dario Callado suspeitou que ele tivesse cometido os crimes imaginando algum tipo de impunidade por ser informante da Polícia.

O delegado mostrou a Ramos a colcha com resquícios de sangue e perguntou quem a lavou.

– Minha mulher saberá responder, porque é ela quem trata da roupa suja.
– De quem eram os sinais de sangue que havia no estrado da cama e no assoalho?
– Não reparei nisso.
– O senhor não reparou que havia sangue na colcha, na sua cama e no chão?

– Não enxergo bem de dia – ele esboçou um sorriso irônico, que sugeria algum tipo de cumplicidade entre os dois. Indagado sobre os objetos achados em sua casa, José respondeu que comprou o freio e os arreios de montaria por seis patacões de um rapaz que apareceu em sua casa e a quem não conhecia. As velas e o sabão, ele teria adquirido de um navio vindo da Alemanha, e as linhas de uns colonos no mercado da Praça Paraíso. Quanto aos suspensórios, alegou que os havia arrematado em um leilão há mais de um ano.

O delegado solicitou a presença na sala de interrogatórios do sargento Honório Correa, do 3º Batalhão de Infantaria, sobrinho de Januário, e lhe mostrou os arreios de montaria.

– Pertencem a mim – disse o sargento. – Há um mês entreguei ao meu tio para serem vendidos.

– E ele os vendeu?

– Há oito dias estive jantando com ele na venda e os arreios ainda estavam lá. Depois, o encontrei outras vezes e ele não referiu que tivesse vendido.

O delegado voltou-se para José Ramos.

– O que o senhor tem a dizer sobre o que acabou de ouvir?

Ele não se abalou.

– Provavelmente, o rapaz que me vendeu havia comprado de Januário.

Dario Rafael Callado fez um esforço sobre-humano para manter a calma. Àquela altura, precisava fustigar a arrogância inabalável de José Ramos. Decidiu, então, que trouxessem Catarina Palse para uma espécie de acareação. Diante do marido, ela repetiu seu depoimento anterior, de que José trouxera tanto Januário quanto o menino para sua casa e os assassinara.

– O que o senhor tem a dizer sobre isso? – o delegado perguntou.

José Ramos manteve-se impassível. Olhou com desprezo para a mulher e respondeu:

– Tudo o que ela disse é mentira.

Da sala de interrogatórios, o delegado escutava o vozerio do povo reunido em frente à Chefatura, que adquiria intensidade à medida que a noite se aproximava.

– O senhor conheceu um cidadão chamado Karl Claussner?

– Sim. Em setembro ou outubro do ano passado, comprei dele um açougue pela quantia de cinquenta ou setenta mil réis. Devo ter guardado o recibo.

– O que é feito desta pessoa?

– Soube que Claussner mudou-se para o Caminho Novo, mas nunca mais ouvi falar dele. Diziam que ele pretendia viajar a Montevidéu.

– Não seria dele o cadáver encontrado no porão de sua casa?

– Não sei do que o senhor está falando.

A última pessoa a ser ouvida, já em altas horas da noite, foi a negra *Senhorinha*, de 54 anos, escrava de Balbina Palmeiro, que há dois anos dormia na residência do casal da Rua do Arvoredo, em troca da prestação de serviços de cozinha e limpeza. Ela contou que viu entrar Januário na casa a jantar com José Ramos. Depois, saiu para lavar roupas no riacho. Ao voltar, havia um menino mastigando sentado ao lado de José Ramos.

– Nessa noite notou algo suspeito na casa?

– Por volta das 9 horas, Dona Catarina fechou a porta da cozinha para o pátio e a outra do meio da casa, de modo que eu fiquei trancada, sem poder sair para a casa ou para a rua. Só às 11 horas ela abriu as portas e pediu água quente para o mate.

– Nesse dia ou nos dias seguintes, a senhora viu Catarina ou José Ramos lavando roupas ou limpando o assoalho da casa?

– Na sexta-feira, quando voltei do riacho, encontrei Dona Catarina lavando a escada que desce para o quintal e uma taquara grossa que estava muito suja de sangue. Ela contou que tinha tropeçado e derramado comida na escada e que seu José havia matado uma galinha e derramado sangue na taquara.

Passava das onze da noite, quando o Chefe de Polícia Dario Rafael Callado decidiu encerrar os trabalhos do dia e ordenou a remoção de José Ramos e Catarina Palse para a Casa de Correção.

– Acho que teremos problemas, delegado – observou o amanuense Fróes.

Dario Callado foi até a janela de sua sala e observou uma multidão de talvez duzentas pessoas aos gritos:

– Morte aos assassinos! Entreguem os presos ao povo!

Da janela, ele respondeu:

– Os presos estão no tribunal para serem processados pelas leis. Daqui só sairão para serem encerrados na Cadeia.

Ouvem-se vaias e gritos de "não apoiado!". O Chefe de Polícia, então, solicitou reforços ao 3º Batalhão de Infantaria. Passaram-se alguns minutos. Quando os vinte praças chegaram à Chefatura, foram imediatamente cercados e ameaçados pelos manifestantes. O comandante da tropa viu-se obrigado a requisitar o reforço de mais trinta soldados. Quando estes chegaram à Chefatura, Callado ordenou que formassem um quadrado para proteger José Ramos e Catarina Palse até a Casa de Correção, enquanto quinze praças deveriam dispersar o povo.

Durante o trajeto, o conflito acirrou-se. Os soldados eram atingidos por pedras e garrafas arremessadas pelos populares e reagiam espetando suas baionetas nos manifestantes e disparando tiros para o alto. Finalmente, ao saber que os presos chegaram ilesos à cadeia, Dario Callado redigiu um memorando ao vice-presidente da Província, comendador Patrício Correa da Câmara, historiando os fatos:

> *"Nessa diligência foram feridas várias pessoas, já pelas praças da 1ª linha, já pelas de Polícia que as coadjuvavam; ficando também ofendidas várias dessas praças. Disperso o povo, seguiu a força de linha com os presos ao centro, e mandei praças da Polícia segui-la pela retaguarda, com dois oficiais. O povo acompanhou a força, apedrejando-a continuamente e travando conflito com as praças da polícia. Os presos foram finalmente recolhidos à Cadeia à meia-noite".*

Dario Rafael Callado já reunira fortes indícios para incriminar José Ramos pelos assassinatos do taverneiro e seu auxiliar, e Catarina Palsen por cumplicidade. Restava identificar o terceiro corpo. O auto de necrópsia descreveu a vítima como homem alto, forte e idoso. Apresentava como peculiaridades os ossos do nariz quebrados muito tempo antes e a existência de um brinco de ouro circular ainda preso a um resto de membrana na orelha esquerda. Os médicos da Santa Casa concluíram que a morte fora produzida por lesões ósseas na cabeça e ocorrera entre seis meses e um ano atrás. Estas características levaram ao nome de Karl Claussner, antigo proprietário de um açougue junto à Rua da Ponte, que ninguém mais vira desde quando vendeu seu negócio a José Ramos.

As investigações conduziram a outro alemão, de nome Carlos Rathmann, que, segundo testemunhas, teria auxiliado José Ramos a transportar os pertences de Claussner para a casa da Rua do Arvoredo. Entre os objetos transportados, estariam dois baús pintados de verde. Em uma nova busca ordenada pelo Chefe de Polícia, os baús foram encontrados no porão da residência e continham roupas e documentos. Antes de buscar José Ramos para um novo interrogatório, Dario Callado decidiu ouvir o tal Carlos Rathmann. No dia 21, o alemão, de 61 anos, estava diante do delegado.

– O senhor conheceu Karl Claussner, dono de um açougue na Rua da Ponte?

– Vi-o algumas vezes, mas não cheguei a conhecer.

– O que o senhor sabe sobre o destino deste cidadão e o açougue que lhe pertencia?

– José Ramos me disse que Claussner era seu devedor e lhe tinha vendido o açougue. Soube depois que teria se mudado para Montevidéu.

– O senhor confirma que ajudou a conduzir para a casa de Ramos os trastes do açougueiro?

– Na época, eu morava na casa de Ramos, pagando três mil réis de aluguel e por isso ajudei Ramos a fazer a mudança.

– Não suspeitava de que Ramos pudesse ter assassinado Claussner?

– Nunca me passou pela cabeça.

Dario Callado lhe mostrou os baús recolhidos durante a diligência na casa de Ramos e perguntou se eles faziam parte dos trastes transportados. Rathmann respondeu que só se lembrava de aparelhos próprios de açougue.

– A que o senhor atribui a prosperidade alcançada por José Ramos após adquirir o açougue de Claussner, levando em conta que esse açougue nunca mais foi utilizado?

– Uma vez, quando Ramos me pagou uma bebida em uma venda na Rua Bragança, ele contou que havia tirado três contos de réis na loteria, e recebia 30 mil réis como informante da Polícia.

Callado mandou que trouxessem novamente José Ramos à sala de interrogatórios. O tipo mantinha a pose autossuficiente, mas desta vez parecia cansado.

– O cadáver encontrado no porão de sua casa foi identificado como de Karl Claussner. O que o senhor tem a dizer sobre isso?

– Não sei como foi parar lá.

O delegado mostrou-lhe os dois baús e os objetos que continham. No maior, havia um travesseiro de penas, duas metades de um cobertor verde, dois coletes de lã também verdes, três aventais de algodão azuis, dois pares de meia, cinco colarinhos e um peito de camisa. A caixa menor guardava um relógio, um cordão de cabelo, uma corrente de ouro e chaves.

– Esses objetos lhe pertencem?

– Sim.

– Como o senhor os obteve?

– Os colarinhos e o peito de camisa, comprei na Casa Paradeda. Os aventais, cobertores e coletes, adquiri de Claussner. Os colarinhos, achei-os velhos no açougue. O relógio, troquei com o mesmo Claussner por outro de prata, e o cordão e a corrente, comprei de uns colonos que não lembro os nomes.

– Os baús também lhe pertencem?

– Eram de Claussner, mas fiquei com eles porque eram muito pesados para ele levar na viagem.

Callado mostra a Ramos dois passaportes, dois bilhetes de passagem, uma receita médica e um convite para batismo, todos pertencentes a Karl Claussner. Ramos responde que os encontrou no açougue, em uma tábua sob a porta.
O delegado resolveu mudar o rumo do interrogatório:
– O senhor deu baixa da corporação no dia 29 de setembro de 1863. De que rendimentos o senhor vive depois que se deu a baixa?
– Não tenho profissão fixa. Minha mulher lava roupa para fora. Eu cobro para alguns negociantes e, às vezes, peço dinheiro emprestado a eles. Além disso, tenho outros rendimentos adicionais.
– Esses rendimentos são incompatíveis com o seu modo de vida, as roupas e perfumes que usa, os vestidos utilizados por sua mulher.
José Ramos deu de ombros.
– Não sei como lhe responder.

)(

Em quatro meses, o Chefe de Polícia concluiu os dois inquéritos: o primeiro sobre as mortes de Januário e de seu auxiliar, e o segundo, sobre a morte de Karl Claussner. No dia 12 de agosto, José Ramos e Catarina Palse estavam no banco dos réus, acusados pelos assassinatos de Januário e seu caixeiro. O *Jornal do Commércio* assinalou:

"Lia-se no semblante do réu o desfaçamento
e o cinismo que tanto o distinguem, e em
tal requinte que, enquanto sua cúmplice se
debulhava em lágrimas, ele, da banqueta dos
réus, com um sorriso nos lábios contraídos

pela perversidade, passara em revista todo o conselho de jurados".

José Ramos foi condenado à forca e Catarina, a 13 anos e quatro meses de prisão. No dia seguinte, Ramos seria condenado a mais 14 anos de prisão com trabalhos forçados pela morte de Karl Claussner, enquanto Carlos Rathmann, indiciado como cúmplice, acabou absolvido.

Na época, o imperador Dom Pedro II comutava as penas capitais em prisão perpétua, em virtude de um erro judicial ocorrido em 1855, quando o fazendeiro Manuel da Mata Coqueiro foi enforcado e, mais tarde, foi provada a sua inocência. Assim, José Ramos passou o resto da vida na prisão, até morrer doente na Santa Casa, aos 57 anos. Catarina cumpriu sua pena integralmente. Ao sair, era vista pelas ruas vendendo vassouras, contudo, nunca se soube qual o seu fim.

Nos anos seguintes, os eventos da Rua do Arvoredo adquiriram novas dimensões na medida em que surgia no seio do povo uma mórbida e improvável versão nascida da combinação de elementos reais e imaginários. Durante a investigação, foram mencionados casos de pessoas que se envolveram com José Ramos e teriam desaparecido. Catarina, conforme ela própria admitiu em depoimento, era dada a passeios noturnos solitários pela cidade. Esses elementos, somados à ideia de que José Ramos exercia o ofício de açougueiro sedimentaram a nova feição dos crimes da Rua do Arvoredo: a mulher sedutora atrairia homens à sua casa; o marido os mataria e suas carnes seriam utilizadas para produzir linguiças, a serem consumidas pela população de Porto Alegre.

Não se sabe se Dario Callado chegou a tomar conhecimento desses boatos, mas, por certo, não os teria levado a sério. A existência de outras vítimas jamais se confirmou. Além disso, Ramos nunca foi açougueiro. Matou Claussner para se apossar de seus pertences e imediatamente desativou o açougue que alegava ter comprado. Da mesma forma, assassinou Januário para roubar-lhe e se viu na contingência de também matar o rapaz para que ele não o denunciasse.

Dois anos depois dos eventos da Rua do Arvoredo, Dario Rafael Callado deixou Porto Alegre para assumir o cargo de Chefe de Polícia da Corte, no Rio de Janeiro. Naquele início de 1868, ele apresentava um comportamento estranho, alheio às coisas à sua volta, sem a energia que costumava imprimir às suas atitudes.

No *Dia de Reis,* de 1868, viu-se sozinho na Praça do Rossio, sem a companhia de seu fiel escravo Malaquias. Famílias caminhavam à sua volta, crianças brincavam, uma retreta alegrava aquele final de tarde. E o Chefe de Polícia simplesmente sumiu.

※

"Um tio-avô meu, Dario Rafael Callado, desapareceu no ano de 1868, quando era simplesmente o Chefe de Polícia da Corte, ou seja, a pessoa que menos desculpa tinha no Rio de Janeiro para desaparecer."
(Antônio Callado, *Esqueleto na Lagoa Verde*)

'STREEP-TEASE' NO BAR NOVIDADES

Terezinha Oliveira Baraldo não tinha paradeiro. Aos 16 anos, ficava zanzando pela Praça da Alfândega, em volta da Confeitaria Matheus. Para casa, não podia ir porque a mãe a acorrentava. O pai, pianista da boate *Tropical*, nem queria saber da menina. Um dia, um tal Virgílio jogou um xaveco:
– Quer ganhar Cr$ 300 no mole?

O bar *Novidades* ficava no comecinho da Rua Andrade Neves. De cara, Terezinha notou os desenhos de sem-vergonhice nas paredes. No camarim improvisado estavam outras duas moças, Tânia e Vera, que ela conhecia da praça. Chegou o Virgílio:
– Agora vocês vão, uma de cada vez, dançar tirando a roupa na frente do balcão. Primeiro, tu!

Ela foi. Começou a tocar *Boneca de Carne* e uma luz iluminou Terezinha. Uns 50 homens olhando para ela.

Iniciou uma dança lenta, fazendo poses, despindo peça por peça, apesar do frio úmido. E foi gostando. Não se perturbou nem quando o tal Virgílio acertou uma bofetada numa das garçonetes sabe-se lá por quê. Terezinha cumpriu o ritual até o fim. Quando a música terminou, ela estava nua, sob aplausos do público, mas só conseguiu tossir, resquícios de uma tuberculose recém-curada.

Logo depois, um rapaz falante começou a puxar assunto. Ela se agradou do moço e foi falando de si. Que tinha 16 anos, que andou doente, que a mãe a considerava doidivanas, que o pai era isso e aquilo. Ainda por cima, se deixou fotografar fazendo beicinho. No dia seguinte, não houve espetáculo. Mesmo com a Polícia fazendo corpo mole, dois oficiais de Justiça fecharam a casa. *A Última Hora* saía com uma matéria denunciando o bar *Novidades* por exploração de menores e acusando os policiais de conivência. No canto da página, uma foto de Terezinha e alguns adjetivos: menor de idade, tuberculosa e débil mental.

Em vez de Terezinha Oliveira Baraldo, está escrito o nome que ela inventou para o rapaz, mistura de miss com presidente: Terezinha Morango Kubitschek de Oliveira*.

---

* A Terezinha Morango original foi Miss Brasil em 1957. A personagem deste relato tornou-se uma figura peculiar da cidade, considerada torcedora-símbolo do Internacional. Mais tarde, teria passado a torcer pelo Grêmio.

O SOLDADO E A 'SANTA' DEGOLADA

O fato criminoso deu-se no Arraial do Partenon, em um lugar descampado nos limites do Recreio Agrônomo, próximo ao Hospital São Pedro e três quadras adiante do quartel do 1º Destacamento de Cavalaria das Bananeiras. Cheguei ao cair da tarde de domingo, quando a sombra do imenso morro a oeste já cobria o local. Ainda pude ver a infeliz estirada sobre o capim junto a uma frondosa figueira. Usava vestido e casaco azuis, tinha os cabelos aloirados soltos, a pele muito branca e os olhos esbugalhados. O sangue que lhe manchava todo o pescoço já adquirira uma coloração marrom.

O corpo de Maria Francelina Trenes, de 21 anos, já deveria estar ali há mais de duas horas, aguardando a carruagem da Assistência Pública que o levaria à Santa Casa. Durante esse tempo, juntou-se um grupo de duas dezenas de moradores das redondezas, atraídos pela cena de sangue que ali se verificara. Ouvi de um deles:

– É mais uma dessas tragédias de ciúmes cometidas pelos mais bárbaros dos homens.

Quando o carro da Assistência recolheu o cadáver, dirigi-me ao quartel das Bananeiras, onde o assassino estaria detido. No meio da confusão entre oficiais, soldados, autoridades e colegas de outros jornais, consegui enxergar o sujeito. Devia ter menos de 30 anos, media talvez um metro e 65 de altura e apresentava um ferimento no pescoço. Chamava-se Bruno Soares Bicudo, um *bugre*, de cabelos bem pretos, testa grande, olhos negros, nariz chato, beiço proeminente e mal encarado.

Em variadas conversas com os soldados, consegui reconstituir a história. Naquela tarde, ele e outros três soldados da Brigada Militar, todos do Destacamento das Bananeiras, aproveitavam a folga dominical com um churrasco regado a cana Paraty e cerveja Barbante, em companhia de mulheres que seriam suas amásias. Tudo transcorria num clima de camaradagem, risos e brincadeiras. Um pouco afastados do grupo, junto à figueira, Bruno e Maria conversavam animadamente, até começarem a se desentender. Os outros não deram importância, porque as discussões entre os dois eram frequentes.

Aos poucos, o bate-boca virou troca de desaforos. Maria foi vista com um cassetete na mão que tomara do companheiro. Súbito, Bruno a puxou pelo cabelo e jogou-a ao chão. Ela gritou. Ele desembainhou a faca e cortou-lhe o pescoço de lado a lado. Os soldados Felisbino Antero de Medina e Francisco Alves Nunes assistiram à cena de morte. Deveriam dar voz de prisão ao colega, porém, estavam desarmados, enquanto Bruno conservava à mão a adaga ensanguentada.

Recorreram, então, ao cabo Egídio Correa da Silva, que participava do encontro, mas não se encontrava no local naquele momento. Armado de uma faca, o cabo liderou a perseguição ao criminoso. Alguns metros adiante, encontraram Bruno tentando cortar o próprio pescoço com a mesma faca com que ferira a amásia. Os soldados o desarmaram e lhe deram voz de prisão.

Segundo o soldado Francisco, durante a condução até o quartel, Bruno teria revelado que, na discussão travada sob a figueira, Maria o teria desaforado. Disse a ele que voltasse ao quartel, pois ela já conseguira outro homem com quem pernoitar.

Estava assim, em poucos momentos, resolvido, do ponto de vista policial, o bárbaro crime cometido na Chácara das Bananeiras. Já se conheciam a vítima, o assassino, a arma do crime e o motivo: o ciúme.

Retornei à redação da *Gazetinha* e redigi a notícia com o máximo de detalhes que pude apurar. *Zezinho*, o cronista do jornal, leu com atenção, deixando às vezes escapar uma expressão de complacente desdém, como se estivesse lidando com uma criança que ainda não sabe fazer as coisas direito.

– Algum problema?
– Tem disposição para um chope?
– Acho que estou precisando.

O Café América era o ponto de encontro de artistas ou aspirantes a tal, jornalistas, alguns advogados não tão bem-sucedidos e os poucos remanescentes do federalismo, esmagados pelo domínio do Partido Republicano Rio-grandense desde a Revolução de 1893. Àquela hora, já bebiam cerveja os colegas do *Correio do Povo* e do *Jornal do Commércio*, que estiveram na cena do crime. Paramos para cumprimentá-los.

– Falávamos que o tal Bicudo deve ter participado da Revolução. A degola foi coisa de profissional – disse um deles, com alguma malícia.
– Viste o sujeito? – perguntou o outro
– Parecia um monstro – eu disse. – Não demonstrava nenhum arrependimento.
– Um bárbaro – o sujeito comentou.
Eu e *Zezinho* resolvemos nos afastar para outra mesa. Enquanto chegavam as cervejas, *Zezinho* tomou a palavra.
– Vocês chamam o soldado de monstro e mais um festival de impropérios que não lembro agora. Considero um evidente exagero.
– O tipo degolou uma pobre moça, querias o quê?
– Eu, sinceramente, lastimo pelo desgraçado – *Zezinho* falou.
Solto uma gargalhada.
– Lastima? O tipo era muito mais forte. Fez valer a força contra quem não podia se defender. Um covarde.
– Matou por ciúme. É o que basta para me comover e me sensibilizar o coração.
– Por este raciocínio, matar por ciúmes enobrece o assassino.
– Nessas circunstâncias, o homem não é um miserável assassino, não é um bandido covarde, é simplesmente um desgraçado. Só quem nunca sentiu um amor veemente, forte, uma daquelas paixões que nos transportam às regiões celestes...
– No caso dele, para os quintos do inferno – interrompi.
– Que seja. Quem nunca passou por isso não compreenderá que é impossível conter-se um homem sem educação social, criado à mercê de seus instintos, de sua índole. Ao que se sabe, foi escarnecido, ludibriado pela mulher que ama.

– Se ciúme é motivo justo, as cidades se tornarão palcos de cenas sangrentas em cada quarteirão.
– Não, e vou te explicar por quê. O homem da sociedade e o *habitué* das tavernas têm em comum o coração acessível à dor, ao remorso, ao amar. Existe, porém, uma diferença no modo que eles interpretam esses sentimentos. O homem educado tem a força moral para conter os impulsos, que o outro não dispõe.
– Crês que todo o ciumento é um assassino em potencial, só que uns têm capacidade para sublimar a sua vontade e outros não?
– Em situações extremas, sim.
– Não concordo. O ciúme é uma condição da existência humana perfeitamente administrável pelas boas consciências.
– Lembra-te de Iago, inoculando o vírus do ciúme em *Otelo*: *Ah, cuidado com o ciúme/ É o monstro de olhos verdes que debocha/ Da carne que o alimenta. Vive o corno/ Ciente feliz, se não amar quem peca: Mas como pesa cada hora àquele/ Que ama, duvida, suspeita, e mais ama!*
– Assistimos, então, a uma tragédia *shakespeariana* na Chácara das Bananeiras? – eu debocho.
– *Otelo* é uma representação da impotência do homem perante o ciúme, que é pior que a ganância e a inveja. Na ganância, o homem quer tudo o que não tem, até o que não precisa. Na inveja, quer ter o que o outro tem. O ciúme é mais cruel, porque ele está na contingência de perder o que já tem.
– Mas o ciúme de Otelo não tem fundo de verdade, pois Desdêmona não o traía. Tudo foi concebido por Iago, com propósitos escusos, e Otelo deixou-se levar. Veja em *Dom Casmurro*. Todo o ciúme de Bentinho nasceu de uma suposição baseada no comportamento de Capitu durante o

funeral de Escobar. Ali, ele suspeitou que teria existido um adultério. O ciúme infundado destruiu a sua vida e o condenou à infelicidade eterna.

– No caso do soldado Bicudo, o ciúme tinha base real, pois ela planejava passar a noite com outro – respondeu Zezinho. – O ponto é este. O homem forte, que recebeu educação social, quando é repudiado pela mulher amada, faz tudo para esquecê-la e esconde no seu íntimo esse amor que o envergonha. O homem bruto, sem educação, não sabe conter-se, não pode sufocar a voz do coração e, louco, desvairado qual um tigre, comete crimes monstruosos, horrendos, sob uma excitação nervosa indescritível. Bruno é um desgraçado.

– E se fosse Maria Francelina que tivesse matado o soldado Bruno, pensarias da mesma forma?
– É diferente.
– Ah, é?
– A mulher é mais nobre. O homem é mais volúvel. Assim, a traição do homem não é suficiente, por exemplo, para destruir um lar. A da mulher, sim.
– Por ser mais nobre, a mulher merece ser morta.
– Não disse isso. Ela deve ter um comportamento mais adequado à sua condição de esteio das relações amorosas e matrimoniais.
– Tua teoria deve estar baseada em algum pressuposto científico. Qual seria?
– Nenhum. Simplesmente, porque sempre foi assim.

)(

No dia 8 de fevereiro de 1900, menos de três meses após o crime, Bruno Soares Bicudo foi condenado a 30 anos de prisão pelo assassinato de Maria Francelina Trenes, em um concorrido julgamento que lotou as galerias do Tribunal de Justiça e reuniu uma multidão diante da Praça da Igreja Matriz. Seis anos depois, ele morreria acometido de nefrite intestinal, na Enfermaria da Casa de Correção.

Com o tempo, já idoso, tomei conhecimento de uma estranha movimentação religiosa entre a comunidade do Morro Maria da Conceição. A crendice popular começou a atribuir milagres à infeliz moça que fora degolada ao pé da montanha, junto a uma figueira. Muitos juravam de pés juntos que ela aparecia pelas ruas durante as madrugadas para atender aos desejos e aliviar o sofrimento dos que precisavam.

A 'Santa' Maria Degolada, dizia-se, só não atendia aos pleitos dos militares, que o diga o soldado Bicudo.

A MALDIÇÃO DA NEGRA INÁCIA

O endereço para onde me dirijo situa-se no miolo da chamada "quadra dos italianos", o trecho da Rua dos Andradas entre o antigo *Beco do Fanha* e a Rua dos *Peccados Mortaes*, no caminho do Arsenal de Guerra e da antiga Praça da Forca. No sortido e animado quarteirão, despontam o atelier fotográfico do *cavallieri* Virgilio Calegari, a loja de fazendas dos irmãos Agostinelli, a fábrica de chapéus Rocco & Venturini, a alfaiataria de Alberto Bernardi, a casa de instrumentos Rolo & Corni, a fiambreria de Matteo Ruatta, o restaurante Degani, a Livraria Italiana do *signore* Bertolucci, a casa de calçados Medaglia & Perroni, o armazém Damiani, o café cantante *O Sol Nasce Para Todos*, de Paulino Bernardi, e a barbearia dos irmãos Massimino.

Nesta manhã quente de quarta-feira, na última semana de 1910, comerciantes e fregueses da quadra estão todos na calçada, e seus olhares e comentários apontam para o piso superior da barbearia, onde mora a família Massimino. Ingresso no prédio através de um longo corredor lateral até a escadaria de laje, que sobe em sentido contrário e dá acesso ao cômodo principal do segundo andar.

É uma peça grande com dois janelões para a Rua da Praia, decoração modesta, composta de uma cristaleira, uma escrivaninha com tampa de correr, um sofá desbotado e uma mesa rústica, em torno da qual estão sentados os barbeiros Santo e Carmino Massimino, a irmã deles, Maria, e o cunhado Felippe Rebollatte. Todos compartilham uma espécie de transe. A um canto, com a metade do corpo na sala e a outra no corredor que conduz aos demais cômodos, jaz uma mulher negra de olhos esbugalhados sobre uma poça de sangue. Um cheiro forte de pólvora impregna o ambiente.

Circulando pela cena do crime, o *rato branco* com plaquinha nº 31 no quepe aparentemente está no comando da situação.

– Não pode entrar – ele me adverte.

– Sou repórter. O que houve por aqui?

– Quando o delegado chegar, ele vai fornecer as informações...

Ignoro o guarda e me dirijo aos Massimino. Sobre a mesa, está um revólver *smith & wesson* 32, com o cabo de madrepérola um tanto gasto.

– Quem disparou?

Os olhos se voltam para Carmino, o mais jovem.

– Eu – ele responde, após algum vacilo.

– Três tiros – diz o guarda, tentando retomar o protagonismo da cena. – Olha, quando o delegado chegar...

– E o que fez a infeliz para levar três tiros? Alguém pode explicar?

Santo, o mais velho, se dispõe a falar.
– Faz quase dez anos que Inácia trabalha para nós...
– Pelo jeito, trabalhava – interrompo apontando a morta.
– ...trabalhava. No começo, era uma criada eficiente, dedicada, fazia o serviço e ia embora, mas de um tempo para cá, começou a se comportar de modo estranho.
– Como se um demônio tivesse se apossado dela – complementa Carmino.
Os outros concordam com eloquentes movimentos de cabeça.
– Pode ser mais específico?
O guarda tenta intervir:
– Quando o delegado chegar, essas coisas serão esclarecidas. Eu peço que...
– Feitiço! – gritou a irmã dos barbeiros. – Inácia era uma feiticeira! Uma macumbeira. Só de uns anos pra cá que esse lado se manifestou.
– Se manifestou de que forma?
Os quatro baixam os olhos, esperando que alguém se anime a falar sobre algo que não parece muito edificante. Maria toma a iniciativa.
– Uns cinco anos atrás, meu marido Felippe – ela olha para o homem que lhe acaricia os ombros – andou doente, abatido, ninguém sabia o que era e não tinha remédio que curasse. Comentei com Inácia. Ela disse que resolveria o problema. No dia seguinte, apareceu com um punhado de ervas, fez um chá e pediu para que o Felippe bebesse três vezes ao dia.
– Chá de quê?
Ela dá de ombros.
– A senhora deu chá para seu marido sem saber o que era? Poderia ser veneno. Vocês todos concordaram?

– Estávamos preocupados com o Felippe. Ele não melhorava...

– Ela disse também que tinha ido ao terreiro e feito um *trabalho* e garantiu que meu marido logo começaria a melhorar – relata Maria.

– E melhorou?

– Inexplicavelmente, comecei a me sentir bem – responde Felippe.

– Então, ela era uma curandeira e não feiticeira – eu digo. Santo Massimino reassume a palavra.

– Pagamos a quantia que ela pediu, não era muito. O problema é que a negra começou a se meter nos assuntos da família. Escutava nossas conversas e se oferecia para resolver os problemas.

– Problemas de saúde?

– Qualquer coisa: os negócios que iam mal, briga de família, alguém que adoecia...

– Recorriam a ela para qualquer coisa?

– Ninguém pedia. *Ela* se oferecia – atravessa-se Carmino.

– Tornou-se uma rotina, um costume – explica Santo. – Qualquer coisa, por menor que fosse, lá vinha a negra com suas ervas, seus chás. Fazia *trabalhos*, nos mandava fazer algumas coisas esquisitas.

– Por exemplo?

– Botar um prato com inhame banhado em azeite debaixo da mesa ou jogar caramelos no centro do Mercado.

– Para contentar os orixás – Felippe Rebollatte tenta imprimir alguma ironia na frase, mas não surte o efeito desejado entre os demais.

– E vocês obedeciam?

– Acho que ela nos enfeitiçou – diz Santo, um tanto envergonhado. – E sempre pedia dinheiro. Sempre.

Noto que Maria está sentada de uma forma que evita contato visual com o cadáver da negra Inácia. Em alguns momentos, Santo olha para a morta com desprezo e preocupação, como se ali estivesse o motivo da eventual ruína dos negócios futuros.

— E se tornou insolente, respondona, metida — agrega Carmino. — Agia como se fosse da família. Vivia cobrando dinheiro por *trabalhos* que ninguém havia pedido. Fazia por conta dela.

— Um dia comentei que estava com uns problemas com o Felippe — agora é Maria quem fala.

— Nada sério — o marido apressa-se a esclarecer.

— Coisa de marido e mulher. Eu andava nervosa. Inácia veio com aquela conversa de sempre. "Se a senhora quiser, eu posso...". Me irritei. Disse para ela: "Isso não te diz respeito. Você é uma criada, entendeu? Uma criada! Ponha-se no seu lugar!". Coisas desse tipo. Talvez algumas palavras mais fortes.

— E ela? Colocou-se no seu "devido lugar"?

Santo solta uma interjeição de desprezo.

— Ficou fula da vida. Começou a fazer ameaças — responde Carmino.

— Rogou uma praga — revela Maria. — Se eu não fosse à casa dela pedir perdão de joelhos, ela faria com que todos da família ficassem doentes.

— E vocês acreditaram?

— Não sei. A mulher tem parte com o demônio.

Dou uma olhada no corpo de Inácia fulminada por três balaços no peito. A mancha de sangue se expande pelo tapete da sala.

— Pelo que entendi, o feitiço da negra era conveniente para todos, até que cansaram. Aí, deram uns tiros nela para resolver o problema.

O guarda desiste de me mandar embora e agora acompanha a cena com visível curiosidade.
– Hoje, ela reapareceu – prossegue Maria. – Estávamos em casa só eu e Carmino.

Os outros ficam em silêncio. Carmino olha para o chão.
– Ela não deveria ter voltado, mas voltou – ele diz.
– Eu não suportava mais olhar para ela. Não era humilde, nem um pouco. Por que não agia como os outros da sua raça? Parecia com o rei na barriga.
– Um orixá na barriga – Felippe solta uma risada curta, olha para os lados, porém, não encontra adesões.
– Ela entrou resoluta, veio em minha direção e ficou me encarando – diz Maria.
– Queria dinheiro – emenda Carmino.

Maria assume, então, francamente um comportamento de vítima.
– Perguntei por qual razão ela tanto incomodava as pessoas da casa, com feitiço, provocando doenças em todos. Ela respondeu que continuaria incomodando até que eu lhe pedisse desculpas de joelhos.
– Era uma gritaria entre as duas. Minha irmã ficou nervosa, chorava, mas a negra continuou com aquela conversa. Não suportei. Peguei o revólver e berrei para que parasse. Ela se virou para mim e atirei nela, sem pensar.
– Três vezes.
– Ela teve o que mereceu – diz o rapaz, mais assustado do que convicto.
– *Imbecile!* – vocifera Santo Massimino, erguendo-se da cadeira em direção à janela. Sua aparição provoca um burburinho vindo da calçada. – Já imaginou o tipo de problema que isso vai nos causar?
– Eu alertei que a coisa estava indo longe demais, ninguém me ouviu – murmura Felippe.

— Quem ficou de resolver o problema? — Carmino interpela o irmão mais velho.

Santo retorna à mesa.

— Eu iria resolver. Ofereci dinheiro para ela sumir de uma vez, mas, não. A negra era orgulhosa. Exigiu que Maria pedisse desculpas. Era só dizer: "Desculpa" — ele olha firme para a irmã.

— Era só o que faltava... — ela retruca.

— Delegado — exclama o guarda, recompondo-se e anunciando a presença da autoridade no recinto.

O coronel João Leite adentra a sala e faz uma avaliação visual da situação reinante: um cadáver, um revólver sobre a mesa, quatro pessoas sentadas — entre elas, provavelmente, o assassino — e uma de pé, eu. Ele dirige um olhar inquisitório ao guarda como a exigir explicações sobre a minha presença.

— Achei que não haveria problema em antecipar a minha reportagem — eu disse.

— Pois, faça o favor de se retirar — ele ordena, irritado. — Quando me inteirar do assunto, estarei disponível para lhe oferecer as informações oficiais.

Enxotado pelo coronel João Leite, retorno à redação e começo a escrever a notícia:

"ASSASSINATO POR CAUSA
DA FEITIÇARIA.

A mulher de cor parda Inácia Luiz Coelho, de 52 anos, foi morta com três tiros no interior da casa onde servia à família Massimino. Há alguns anos, tomou certa ascendência sobre seus patrões, servindo-se para isso, de feitiçaria e abusando do espírito fraco dessa gente. Hoje, às 11 horas da manhã..."

)(

Felippe Rebollatte faleceu subitamente algumas semanas após o assassinato de Inácia, vitimado por uma moléstia não identificada. Carmino Massimino foi condenado a dez anos de prisão. Durante a reclusão, exibia um comportamento retraído, com delírios de perseguição. Logo após o julgamento, seu irmão Franco Massimino ingressou na Junta Comercial com uma petição para transformar a sociedade da barbearia em empresa individual. E pediu aos compatriotas da "quadra dos italianos" que não mais mencionassem o caso da negra Inácia.

DUPLA PERSONALIDADE DO PROFESSOR HINDU

Durante o ano de 1927, ingressaram em Porto Alegre – devidamente registrados na Alfândega – nada menos de 13 quilos de cocaína, mais de 15 quilos de ópio e quase oito quilos de *morphina*, alegadamente para "fins medicinais". Essa quantidade seria suficiente para inebriar metade dos doentes do Brasil. Então, obviamente, boa parte destes entorpecentes foi parar nas mãos do crime organizado para abastecer bares suspeitos e festas grã-finas. No mesmo período, mais de setecentos incêndios arderam na cidade, em sua maioria, encomendados por empresários falidos, de olho no seguro. O jogo do bicho era praticado livremente à luz do dia em qualquer esquina do Centro, assim como a prostituição não encontrava barreiras para inibi-la.

A outrora bucólica Porto Alegre decaía em um turbilhão de vícios, golpes e contravenções de toda a espécie,

Professor Hindú

o que não chegava a ser de todo ruim para um repórter como eu, cujo ganha-pão era tratar de motes policiais. Escrevi muitas notícias sobre esses assuntos no *Diário de Notícias*, mas sou forçado a admitir: nenhuma despertou tanto interesse quanto a do famigerado *Professor Hindú*. José Fernandez Rodriguez – esse era o nome do vidente – atendia das 8 às 21 horas em seu "consultório", à Rua da Praia, nº 1510. Eu já o conhecia de vista quando ele estacionava seu Chevrolet último tipo na frente do jornal, sua funcionária descia, entregava o material de propaganda no guichê sem falar com ninguém e retornava ao automóvel. No anúncio ilustrado com um desenho da esfinge do

Nilo, o *Professor* apresenta-se como "ocultista espiritual, fidalgo, cativante, requintado, primeiro e único que eclipsou, desmascarou e destronou em todas as capitais do Brasil e no estrangeiro as cartomantes espíritas, magos e médiuns, e todos os chantagistas". Como credenciais, referia diplomas das universidades do Alaska e de Mapocha, no Peru, não se sabe em qual especialidade.

Nunca lhe dei importância. Para mim, era mais um destes embusteiros exploradores da crendice popular, que proliferavam por todos os cantos. Os acontecimentos ocorridos no início de 1928 revelaram a existência da atividade paralela do sujeito, igualmente exótica e inusitada. Ainda que esta peculiaridade inicialmente não tivesse a ver com sua prisão, por certo causou visível excitação no público.

Tudo começou de forma trágica, quando uma mulher de nome Alice Porto, de 35 anos, pôs termo à vida com um tiro de revólver, na casa onde vivia amasiada com um sujeito chamado Francisco Honorato de Carvalho, na Rua Demétrio Ribeiro. De início, não perdi tempo com o caso, pois suicídio era assunto proibido nos jornais da cidade.

Contudo, o depoimento prestado à Polícia pela menor de idade Fortuita Correa da Silva deu nova dimensão ao episódio. Relatou ela que, na véspera do suicídio, acompanhara Alice em uma visita ao consultório do *Professor Hindú*. Fortuita permaneceu na antessala. Quando deixou o gabinete do místico, a amiga mostrou-se acabrunhada, com os olhos arregalados e ideias suicidas.

Ao final da tarde do dia 5 de janeiro, policiais da subintendência do 1º Distrito compareceram no tal "consultório" e conduziram José Fernandez para prestar esclarecimentos. A notícia da prisão do *Professor Hindú* começou a circular pelos bares e cafés do Centro e logo chegou à redação do *Diário* e aos meus ouvidos. Ali, havia uma boa história e imediatamente me dirigi à Chefatura. Embora a Polícia tratasse o assunto com discrição, consegui avistar o bruxo no xadrez da repartição. Era um tipo de estatura média, aparentando 30 anos, exageradamente perfumado. Falava com sotaque castelhano e procurava na voz e nas atitudes imitar uma mulher.

– Estou desamparado – ele dizia com uma voz chorosa e afetada. – Preciso que alguém me consiga um advogado. Dali, me dirigi ao consultório onde atendia. Apresentei-me como um paciente a um homem musculoso, cujos trejeitos se assemelhavam aos do *Professor Hindú*. Ele conduziu-me à sala de espera, uma peça espaçosa, atapetada, repleta de almofadas em cetim e reposteiros de veludo em diversas tonalidades, combinando luxo e mau gosto. Na mobília, destacava-se uma vitrola portátil, vários *abat-jours* em cores berrantes e uma cômoda com frascos de perfumes e alguns vidros contendo pequenas cobras e anfíbios, mergulhados em líquidos conservantes.

As paredes estavam cobertas de gravuras, destacando-se uma fotografia de Rodolfo Valentino e vários retratos do *Professor* e de uma figura misteriosa em diferentes roupas femininas, que eu já vira em algum lugar. Não resisti à tentação e saquei três daqueles retratos da parede e os enfiei sob o paletó. O homem reapareceu na minha frente e disse que o *Professor* estava ausente e naquele dia não haveria consultas.

Na redação, fiz uma rápida pesquisa nas edições anteriores e encontrei o que buscava. Uma das fotografias surrupiadas do consultório ilustrava um anúncio do Theatro Palácios, no qual figurava o transformista *Danúbio Azul*, "alvo de inveja das damas de Paris, Londres e Viena". E mais: a comparação com o retrato da propaganda do místico fazendo pose em seu gabinete não deixada dúvidas: o *Professor Hindú* e *Danúbio Azul* eram a mesma pessoa.

No Theatro Palácios, obtive mais informações. José Fernandez Rodriguez, vindo de Montevidéu havia cinco meses, apresentava seu número, em que cantava e imitava o "belo sexo", como o personagem *Danúbio Azul*. O novo ingrediente amplificaria o interesse do público pelo episódio.

Quando terminei de redigir a reportagem, por volta das 10 da noite, soube que naquele momento o *Professor Hindú* estava sendo libertado graças à intervenção do conhecido advogado Alberto Gigante. Corri para a Chefatura a tempo de presenciar a soltura do "mago".

– O que o senhor disse ao delegado sobre o suicídio de Alice Porto? – perguntei.

– Disse a verdade. Não tenho conhecimento deste fato.

– Há uma denúncia de que o senhor a tivesse induzido ao suicídio?

– Essa indignidade não merece resposta – ele desdenhou, entrando no automóvel do advogado.

– Afinal, ela era ou não sua cliente?

José pôs a cara na janela e respondeu, com afetação:
– Não tenho lembrança. No meu consultório só trato dos interesses morais daqueles que sofrem, mas não posso *a priori* saber das intenções de quem me procura. Agora estou fatigado e terei o máximo prazer de conversar com os jornalistas amanhã, em meu consultório.

No dia seguinte, enquanto o *Correio do Povo* limitou-se a noticiar a prisão e a posterior soltura do vidente, o *Diário* escancarava em manchete a vida paralela de José Fernandez como transformista. As fotografias de *Danúbio Azul*, surrupiadas do consultório, ilustravam a reportagem, com legendas do tipo "o professor posando de professo-

Danúbio Azul

ra" ou "o *Professor Hindú* quando não está satisfeito com a sorte que Deus lhe deu". No texto, relacionei os prováveis apuros legais que o aguardavam: o artigo 299 do Código Penal – "induzir ou ajudar alguém a suicidar-se, ou fornecer-lhe meios com conhecimento de causa" – com pena de dois a quatro anos de prisão, e o artigo 157 – "praticar o espiritismo, a magia e seus sortilégios, usar de talismãs ou cartomancia para despertar sentimentos de ódio ou amor, inculcar curas de moléstias curáveis ou incuráveis, enfim, para fascinar ou subjugar a credulidade pública", que lhe renderia mais seis meses de cadeia.

Cedo da manhã, estava eu de volta ao consultório do *Professor Hindú*, com o firme propósito de entrevistar o personagem que já monopolizava a curiosidade geral. Bati

várias vezes à porta. Desta vez, quem atendeu não foi o rapaz musculoso, mas uma mulher gorda de baixa estatura e visivelmente contrariada.
– Tenho uma entrevista marcada com o senhor José – eu disse.
– Ele não se encontra.
– Não faz mal, gostaria de entrar de todo o modo. Só enxergar os amuletos do *Professor* já me faria bem. Dizem que são milagrosos e eu ando numa maré de azar...
– Não tenho autorização para deixar ninguém entrar na ausência dele.
– Qual é sua graça?
– Serafina – ela respondeu após alguma vacilação.
– A senhora é parente dele?
– Não, sou a caseira.
– A senhora assiste às consultas do *Professor*?
– Não, senhor. Ele é um homem muito misterioso e suas consultas são feitas em segredo. Só via quando as pessoas saíam das sessões transfiguradas.

Não consegui arrancar nada de importante da empregada Serafina e deixei o local. Ao sair, encontrei o fotógrafo do jornal, Fernando Barreto, irradiando empolgação.
– Acabo de tirar um retrato do *Professor*.
– Onde?
– Foi preso outra vez.

Era preciso rapidamente elaborar um plano de voo. Primeiro: conferir a veracidade da história do suicídio. No sobrado da Rua Demétrio Ribeiro, encontramos Francisco Honorato de Carvalho mais intrigado do que abatido pela morte da companheira. Disse que Alice era uma mulher muito impressionável, de imaginação alarmada e pendor para as práticas misteriosas. Frequentava cartomantes e sessões espíritas.

– Ultimamente, se dizia perseguida por uma visão que a aconselhava a deixar a vida. Acostumado com o comportamento dela, não dei importância.
– Ela citou alguma vez o *Professor Hindú*?
– Só na véspera. Disse que esteve no consultório do *Professor Hindú* por duas vezes.
– O senhor acredita que ele a induziu ao suicídio?
Francisco deu de ombros.
– Como saber? Essa mulher era estranha. Sabe-se lá o que passava na cabeça dela.
Precisávamos de qualquer maneira ouvir a palavra do místico sobre o acúmulo de acusações contra ele. Com alguma insistência, obtive do delegado Argemiro Cidade licença para uma breve conversa com o *Professor*, no próprio xadrez da Chefatura. Pálido, esfregando as mãos, ele fazia um grande esforço para disfarçar o nervosismo.
– Como o senhor explica as acusações que lhe são feitas?
– Intrigas, intrigas. Meu consultório é visitado por muitas senhoras. Não sei por que, após a primeira consulta, algumas dessas senhoras se declaram apaixonadas. Voltavam não para consultas e sim para se declararem.
– Dona Alice era uma delas?
José Fernandez reúne o que lhe resta de autoestima e assume uma pose de *Don Juan*.
– Suponho que esta senhora tenha se apaixonado por mim e, como eu não a correspondi, decidiu suicidar-se.
– Mas como, então, com seu poder de vidente, o senhor não previu os dissabores que está enfrentando?
– Você já viu algum médico fazer o próprio diagnóstico? Assim somos os magos. Temos o poder oculto para os outros, não para nós.
– Por que o senhor esconde sua atividade de trans-

formista? Tem medo que sua clientela repudie essa condição?

Agora, ele assume um ar de puro pedantismo.

– Sou um artista reconhecido internacionalmente e isso provoca inveja em muita gente. Nunca escondi minhas atuações como *Danúbio Azul,* mas são atividades diferentes. Não se deve confundi-las. Uma é profundamente científica e outra é pura arte. Além disso, um dos requisitos do transformismo é o sigilo, o mistério. A dúvida excita a plateia. Quando se revela o nome verdadeiro do artista, o mistério se dilui e o número deixa de interessar.

Durante todo o dia, uma aglomeração de clientes, detratores e curiosos postou-se diante do prédio do *Professor Hindú.* Colhi algumas histórias como a venda de talismãs e *breves* a preços exorbitantes. Uma mulher o acusou de tentar indispô-la com a própria irmã, e um casal de idosos tentava reaver uma quantia por conta de uma previsão que não se realizou.

Por volta das 3 da tarde, José reapareceu lépido e inabalável, como se viesse de um agradável café na Confeitaria Colombo e não do xadrez da Chefatura. Distribuiu sorrisos e ingressou no sobrado, acompanhado pelo advogado Alberto Gigante e por um pequeno grupo de rapazes.

Eu já dispunha de um bom material para o dia seguinte, com todos os ingredientes para manter o interesse público pelo assunto. Quando deixava o local, fui abordado por um jovem que acompanhava meu interesse por histórias envolvendo o personagem.

– Quer saber sobre o *Professor*? Na esquina da Dr. Flores com a Voluntários da Pátria há uma pensão de estudantes. Vale a pena dar uma passada por lá – disse isso e se afastou, com uma expressão de deboche.

A pensão funcionava em um sobrado de três andares e abrigava jovens vindos do interior para estudar na capital, uma clientela humilde, a julgar pela simplicidade das instalações e pelo preço cobrado. O proprietário chamava-se Amandio. Após alguma desconfiança, ele decidiu falar, com a promessa de que seu estabelecimento não seria prejudicado.

José Fernandez Rodriguez, de nacionalidade espanhola, hospedara-se em sua pensão há mais ou menos meio ano, não apenas para morar. Em seu quarto, instalou um precário gabinete de cartomancia. Através de anúncios nos jornais, começou a angariar uma razoável clientela da qual cobrava de cinco mil a 10 mil réis por consulta, dependendo da aparência e das posses da pessoa. A princípio, Amandio sentiu-se incomodado com aquela movimentação anormal em seu estabelecimento, mas o excêntrico hóspede esmerava-se em oferecer presentes à esposa e às filhas do senhorio.

Entretanto, a presença do novo inquilino revelou-se cada vez mais inconveniente, menos pela atividade mística e mais pelas festas que organizava em seu quarto, reunindo gente esquisita, com bebidas e música em alto volume. Mais de uma vez, instado pelos hóspedes, Amandio bateu no quarto dele para pedir silêncio. O *Professor* o atendia vestindo roupas "de baixo" femininas. Pela fresta da porta, o dono da pensão enxergava rapazes quase despidos dançando, ao som de uma vitrola.

Certa noite, os estudantes decidiram tomar as rédeas da situação. Durante uma festa, reuniram-se em um grupo de dez ou quinze e subiram aos aposentos do místico para dar um basta àquele abuso. O *Professor* e seus convidados foram brutalmente espancados e expulsos da pensão. Ele só retornou alguns dias depois para buscar seus pertences. Pagou suas contas e anunciou que alugara um sobrado em plena Rua da Praia, junto à Casa Lyra.

Com o novo consultório, o *Professor Hindú* ingressou triunfalmente na era da prosperidade. Graças aos *reclames* bombásticos nos jornais, seu consultório passou a ser procurado não mais pelas pessoas humildes de seus tempos da pensão. Sua nova freguesia era de gente bem posicionada no mundo social, o que lhe permitiu reajustar o preço das sessões para 50 mil réis. O montante auferido nas consultas, somado às vendas de talismãs e "*pedras do santo sepúlchro*", ao preço de 20 mil réis cada, mais os cachês de suas exibições como *Danúbio Azul* garantiam ao imitador de mulheres uma vida luxuosa, roupas caras e bebidas importadas.

O reinado esotérico do *Professor Hindú*, porém, começava a ruir. No depoimento prestado à Polícia, confessou: ao se apresentar em Porto Alegre para uma breve temporada como transformista, percebeu a quantidade de anúncios relacionados ao ocultismo e decidiu explorar essa atividade, aproveitando-se da liberdade de profissão garantida pela Constituição do Estado. Alegou que não prometia nem fazia curas, apenas lia nas cartas o passado e o futuro de quem o procurava. Admitiu também que não possuía diploma algum, ao contrário do que anunciava. Assim, toda a profusão de promessas arroladas em seu anúncio e pronunciadas pela lábia do personagem limitava-se à banal prática de cartomancia.

A Polícia não conseguiu evidências consistentes sobre a eventual indução ao suicídio de Alice Porto. No entanto, o promotor público Alberto de Britto ingressou com uma queixa-crime contra José Fernandez: "Este intrujão, para melhor ludibriar os tolos, chama a si próprio de *Professor Hindú*, propondo-se a curar moléstias incuráveis, armar casamentos, indicar números de sorte nas loterias e outras impossibilidades tão grandes como estas".

Acordei na manhã seguinte com a informação de que o juiz da 1ª Vara Paulino Coelho de Souza expedira um mandado de prisão preventiva contra José Fernandez baseado em três elementos: a eventualidade de uma fuga, sua condição de estrangeiro sem domicílio fixo e a constatação de que os fatos atribuídos ao acusado estariam produzindo grande escândalo público.

O *Professor* não dormiu em casa, segundo apurei. Passou a noite na residência na casa do amigo chamado Pedro Medina, o qual – fiquei sabendo mais tarde – igualmente tinha o hábito de se vestir de mulher.

Por volta das dez da manhã, a bordo de seu Chevrolet, o *Professor* rumou para o London Bank, na Praça da Alfândega. Apurei que ele transferiu 20 contos de réis para Montevidéu e sacou 23 contos, uma quantia significativa, deixando sua conta zerada. Ao retornar à residência de Medina, na Rua Espírito Santo, o aguardava um oficial de Justiça com o mandado de prisão. Seguimos o automóvel da Polícia, que fez uma escala de meia hora no Tribunal do Júri, antes de conduzir o *Professor Hindú* à Casa de Correção. Ao descer da viatura, ele evitou os retratos, ora escondendo o rosto com o chapéu, ora baixando a cabeça. Por fim, ergueu o rosto com uma pose arrogante e levemente debochada.

O fotógrafo Barreto divertiu-se.

– Imagina o sucesso que vai fazer entre os presos quando se vestir de *Danúbio Azul*.

Para encerrar o assunto, eu precisava da palavra do advogado do preso. Encontrei-o no escritório, à Rua General Câmara. Alberto Gigante ganhara respeitabilidade como advogado dos desvalidos e das causas perdidas, uma mistura de Robin Hood e Dom Quixote. Dizia-se até que era comunista. Ele mostrou-se francamente contrariado e concordou em falar por cinco minutos,

pois estava preparando o pedido de *habeas corpus* em favor de seu cliente.
 – Esta prisão não tem amparo legal algum. Trata-se de uma perseguição motivada por uma campanha de opinião pública liderada, aliás, pelo seu jornal – ele apontou o dedo para mim. – Certamente, os senhores estão satisfeitos, pois isso vai aumentar as vendas, mas tenha certeza de que uma injustiça atroz está sendo cometida.
 – Ora, doutor, esse cidadão é um notório impostor.
 – Provem!
 – Existem muitas acusações de que se aproveitava da crendice e do desespero das pessoas.
 – Ninguém era obrigado a procurá-lo.
 – A propaganda sugestiona as pessoas.
 Gigante apanhou um jornal de sua mesa.
 – Conhece o *doutor* Henrique de Menezes? – ele indicou a fotografia que ilustra um anúncio de meia página.
 – Um homem circunspecto, de olhar grave, que irradia respeitabilidade, não é mesmo? Vamos ver como se apresenta: "Detentor do segredo da ciência dos curandeiros e feiticeiros da Europa e costa da África para salvar a Humanidade sofredora". Veja bem, não é salvar um doente. É salvar a Humanidade. Mais adiante promete curar moléstias incuráveis. O que o faz melhor? Seu semblante sério e compenetrado, em contraste com o aspecto espalhafatoso de meu cliente? Perante a lei, ambos são iguais.
 – No caso do *Professor Hindú*, houve uma denúncia inicial...
 – Indução ao suicídio? Caiu por terra em menos de 24 horas, tanto que sumiu da acusação. Aliás, qual é a acusação alardeada pelo promotor?
 – Mentiu sobre os diplomas – retruquei.
 – Se mentir fosse crime, seríamos obrigados a trans-

formar em presídios a maioria das nossas residências, os palácios e, provavelmente, as redações dos jornais. A enorme verborragia da denúncia do promotor não encontra o menor suporte em provas ou sequer indícios.

– Exercício ilegal da Medicina, por exemplo.

– Ele paga regularmente os impostos à Mesa de Rendas do Estado na condição de médico, dentro do que permite nossa libérrima Constituição. Assim, está apto a praticar a alopatia, a homeopatia ou qualquer outro meio para deter o sofrimento daqueles que o procuram. A escolha do tratamento ou do profissional é de foro íntimo da pessoa. Meu cliente cometeu algum erro ou imperícia? Se cometeu, deveria ser processado por isso, e não pelo exercício da profissão garantido por lei.

– Vender amuletos e *breves* a preços exorbitantes não se encaixa neste caso? – eu insisti.

– Onde está o crime? É permitido a qualquer pessoa vender amuletos, *breves*, sapatos, automóveis a preço que lhe aprouver. Quem não estiver de acordo não vá à casa deste cidadão comprar. Mas se alguém for até ele e pagar o que foi pedido, não poderá reclamar e muito menos o Estado tem poder para condenar alguém por cobrar preços excessivos por algo que lhe pertence. O senhor é um repórter policial experimentado. Releia suas reportagens, retire os fartos adjetivos empregados e encontre nos relatos que escreveu qualquer ilegalidade a ser imputado ao meu cliente.

O advogado interrompeu a entrevista, alegando que precisava redigir o pedido de *habeas corpus*. Ao se despedir, na porta do prédio, ele segurou meu braço.

– Peço que não utilize o que vou lhe dizer, mas ouça bem. Meu cliente foi detido não por suas atividades de vidente ou coisa que o valha, pois neste ramo existem alguns bem piores. Ele está preso porque sua vida íntima foi devassada e exposta ao público de forma sensacionalista, sem que nenhuma das atitudes que preencheram as páginas dos jornais configure crime. Infelizmente, a imprensa, a Justiça e a sociedade consideram conveniente trancafiar pessoas como ele, pois isso redime os pecados gerais e abre uma cortina de fumaça para que outros delitos mais graves sejam cometidos impunemente.

Saí pensativo do escritório. Na semana seguinte, iniciei uma série de reportagens sobre o "charlatanismo em Porto Alegre", mirando magos, adivinhos, curandeiros e cartomantes.

Quanto a José Fernandez, a Justiça decidiu arquivar a acusação contra ele e mandou soltá-lo após três semanas de detenção. Em liberdade, desmontou seu escritório e ninguém nunca mais ouviu falar do *Professor Hindú* e muito menos de *Danúbio Azul*.

BIBLIOGRAFIA

AREND, Silvia Maria Fávero et al. *Sobre a Rua e Outros Lugares* – reinventando Porto Alegre. Porto Alegre: Caixa Econômica Federal, 1995.

Arquivo Histórico do Estado do Rio Grande do Sul. *Os Crimes da Rua do Arvoredo.* Porto Alegre: EST, 1993.

Arquivo Público do Estado do Rio Grande do Sul. *Maria Degolada: Mito ou Realidade?* Porto Alegre: EST, 1994.

BERTASO, José Otávio. *A Globo da Rua da Praia.* São Paulo: Globo, 1993.

BISSÓN, Carlos Augusto (org.). *Sobre Porto Alegre Porto Alegre:* Editora da Universidade, 1993.

CARTAS de Júlio de Castilhos: Porto Alegre: IEL/AGE, 1993. Apresentação: Hugo Ramírez.

CORREIA, Silvio. *Sexualidade e Poder na Belle Époque de Porto Alegre.* Santa Cruz do Sul: UNISC, 1984.

CORUJA, Antônio Álvares Pereira. *Antigualhas.* Porto Alegre: ERUS, 1983.

DILLENBURG, Sérgio Roberto. *A Imprensa em Porto Alegre de 1845 a 1870.* Porto Alegre: Sulina/ARI, 1987.

FERREIRA, Athos Damasceno. *Imagens Sentimentais da Cidade*. Porto Alegre: Editora Globo, 1940.

FORTINI, Archymedes. *Revivendo o Passado*. Porto Alegre: Sulina, 1953.

FRANCO, Sérgio da Costa. *A Velha Porto Alegre*. Porto Alegre: Canadá Editora, 2008.

FRANCO, Sérgio da Costa. *Porto Alegre Ano a Ano* – Cronologia Histórica: 1732-1950. Porto Alegre: Letra & Vida, 2012.

FRANCO, Sérgio da Costa. *Porto Alegre e Seu Comércio*. Porto Alegre: AGE, 1983.

GALVANI, Walter. *Um Século de Poder* – Os Bastidores da Caldas Júnior. Porto Alegre: Mercado Aberto, 1994.

GOUVEIA, Paulo. *O Grupo – Outras Figuras, Outras Passagens*. Porto Alegre: Editora Movimento, 1976.

GUIMARAENS, Rafael. *A Dama da Lagoa*. Porto Alegre: Editora Libretos, 2013.

GUIMARAENS, Rafael. *O Sargento, o marechal e o faquir*. Porto Alegre: Editora Libretos, 2016.

GUIMARAENS, Rafael. *Pôrto Alegre Agôsto 61*. Porto Alegre: Editora Libretos, 2001.

GUIMARAENS, Rafael. *Tragédia da Rua da Praia*. Porto Alegre: Editora Libretos, 2005.

LEAL, Elisabete. *Castilhos e Honorina:* Fragmentos Biográficos em cartas de amor *in* Métis; História & Cultura, jan./jun. 2003.

LIMA, J.C. Cavalheiro. *Araújo Vianna* – Vida e Obra. Porto Alegre: Secretaria da Educação e Cultura do RS, 1956.

MACEDO, Francisco Riopardense de Macedo. *História e Vida da Cidade*. Porto Alegre: Edições UFRGS, 1973.

MONTEIRO, Charles. *Porto Alegre e Suas Escritas*. Porto Alegre: Edipucrs, 2006.

NOAL FILHO, Valter Antônio e FRANCO, Sérgio da Costa. *Os Viajantes Olham Porto Alegre*. Santa Maria: Anaterra, 2004.

PESAVENTO, Sandra Jatahy et all. *Álbum de Porto Alegre* (1860-1930). Porto Alegre: Nova Roma, 2007.

PESAVENTO, Sandra Jatahy. *Crime, Violência e Sociabilidades Urbanas: as Fronteiras da Ordem e da Desordem do Sul Brasileiro no Final do séc. XIX*. In Estudos Ibero-Americanos. PUCRS, v. XXX. Dezembro, 2004.

PETTINELLI, Júlio de Castilhos Mendes. *Um Pedaço de Céu Queimando no Inferno*. Porto Alegre: EST, 2006.

PORTO ALEGRE, Achyles. *História Popular de Porto Alegre*. Porto Alegre: Prefeitura Municipal, 1940.

RUSCHEL, Nilo. *Rua da Praia*. Porto Alegre: Prefeitura Municipal, 1971.

SANMARTIN, Olyntho. *Um Ciclo de Cultura Social*. Porto Alegre: Sulina, 1969.

SPALDING, Walter. *Pequena História de Porto Alegre*. Porto Alegre: Sulina, 1967.

VERISSIMO, Erico at all. *Lembrança de Porto Alegre*. Porto Alegre: Editora Globo, 1954.

TERRA, Eloy. *As Ruas de Porto Alegre*. Porto Alegre: AGE, 2001.

TERRA, Eloy. *As Ruas de Porto Alegre* – volume 2. Porto Alegre: AGE, 2002.

Coleções dos Jornais e Revistas

A Federação
A Noite
A Reforma
Correio do Povo
Diário de Notícias
Gazetinha
Jornal do Brasil

Jornal do Commércio
O Cruzeiro
O Diário
O Paiz
O Rio Grande Semanal
Revista do Globo
Vida Policial

Locais de Pesquisa

Arquivo Histórico de Porto Alegre Moyses Vellinho

Arquivo Público do Rio Grande do Sul

Biblioteca Pública do Rio Grande do Sul

Hemeroteca Digital da Biblioteca Nacional

Instituto Estadual do Livro – IEL

Museu da Comunicação Hipólito José da Costa

Agradecimentos Especiais

Arthur de Faria

Carlos Roberto Costa Leite

Leo Garcia

Marcello Campos

Paulo Tadeu Luccas

O AUTOR

Rafael Guimaraens nasceu e sempre viveu em Porto Alegre, assim como seu avô, o poeta simbolista Eduardo Guimaraens, e seu pai, o jornalista Carlos Rafael Guimaraens, um dos principais cronistas de sua geração. Quando estudante de Comunicação, Rafael participou da luta pela redemocratização do país durante a Ditadura Militar, e logo engajou-se na Cooperativa dos Jornalistas de Porto Alegre, como repórter e secretário de redação do lendário Coojornal. É autor de 17 livros, com ênfase na construção da memória. Foi premiado pelos livros *Tragédia da Rua da Praia* (prêmio O Sul, Nacional e os Livros, 2006), *A Enchente de 41* (Prêmio da Associação Gaúcha de Escritores, categoria Não-Ficção, 2008), *Teatro de Arena – Palco de Resistência* (Prêmio Açorianos, categoria Especial e Livro do Ano, 2009) e *Coojornal – Um Jornal de Jornalistas sob o Regime Militar*, como um dos organizadores (Prêmio Açorianos, categoria Especial, 2012).

Integrou a Comissão da Verdade do Sindicato dos Jornalistas Profissionais de Porto Alegre, que investigou casos de repressão e censura durante o Regime Militar, e participa de movimentos em defesa dos Direitos Humanos, da preservação dos espaços públicos e da qualidade de vida.

20 Relatos Insólitos
de Porto Alegre

Libretos

Livro com 216 páginas composto em Minion Pro e Ringbearer, impresso sobre papel off set 90 gramas (miolo) e papel cartão, 250 gramas (capa), com 1ª edição em março de 2017, nos 245 anos da fundação de Porto Alegre. 1ª reimpressão em maio de 2019. 5ª reimpressão em agosto de 2025, na Gráfica Pallotti de Santa Maria, RS.